〈개정판〉

알기 쉬운

뮤 지 컬
가창 실기

이은혜 지음

개정판 뮤지컬 발성연습 CD 포함

알기 쉬운
MUSICAL
가창 실기

'뮤지컬 이론, 노래 입문부터 오디션까지'

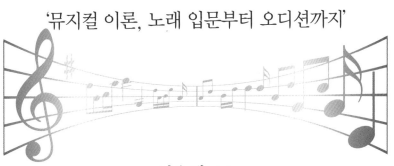

이은혜 지음

오래

| 목 차 |

세상은 저지르는 자의 몫이라 하였다. 끊임없이 도전해온 예술인으로서 내 과거의
경험과 지식이 기재가 되어 책을 내게 되었다. 완전해서가 아니라 뮤지컬인과 가르치
는 선생의 현재를 함께 나누는 마음으로 준비하였다.

돌이켜보니 나는 축복받은 사람이다. 어릴 때부터 좋아하고 잘한다 인정받는 일로
두 가지 이상의 직업을 가지고 있으니 말이다. 고등학생 시절 뮤지컬 〈레미제라블〉을
보며 느꼈던 감흥과 충격은 지금도 생생하다. 뮤지컬 배우를 내 삶의 초 목표로 정하게
된 계기이기도 하다. 대학에서 성악을 전공하게 되었고, 유학을 가게 되었다.

당시만 해도 뮤지컬로 유학을 간다고 했을 때 부정적인 시각이 대부분이었다. 하지
만 그 어떤 상황도 꿈을 향한 열정을 막지 못하였다.

본격 뮤지컬 수업을 받으면서 무조건 노트에 정리해갔다. 둔필승총(鈍筆勝聰)이라고 믿었다. 대학원에서 배우는 음악 이론, 뮤지컬 노래 레슨, 뮤지컬 희곡 분석, 뮤지컬 음악 분석, 오디션 테크닉, 쇼케이스 등 모든 과정이 연계가 되어 배우 활동을 준비할 수 있는 커리큘럼은 매우 타이트하고 힘들었다. 하지만 분명한 것은 확장되고 깊어진 유학생활이었다.

미국에서의 배우 생활 또한 여러 번의 오디션 낙방과 합격의 경험들로 인해 과정은 힘들었지만 공연의 열정으로 남아있는 소중한 경험이 되었다.

뮤지컬 교육이라는 콘셉트는 아직 새로운 분야로 인식되기도 하지만 이미 여러 전문 교육기관에서 많은 배우들을 배출해 내고 있기 때문에 체계적인 정착을 위해서는 이론적 정립과 실기능력이 조화를 이루어야 한다고 본다. 뮤지컬 관련 수업을 진행하면서 더욱 교재의 필요성을 느끼게 되어 용기를 내었다.

만약 이 책의 독자가 배우라면 독학으로 새로운 아이디어를 무대에서 시도해 볼 수 있을 것이다. 배우는 학생은 CD를 통하여 발성법을 자가 학습할 수 있다. 또한 지도하시는 선생님이라면 예제와 연습을 통하여 학생들에게 가이드라인을 줄 수 있다. 기초이론부터 뮤지컬 곡의 분석과 적용, 오디션 테크닉 등 챕터별로 학습할 수 있게 되어 있다. 길이 막혔을 때 길을 어떻게 뚫느냐, 어떻게 회복시키느냐가 삶이라고 배웠다. 이 책이 뮤지컬 공부하는 데 막힘을 뚫어주고 열정을 회복시켜주는 안내서가 되기를 소망해본다. 그래서 한국 뮤지컬이 더욱 성공·발전하는 데 조금의 도움이라도 되는 도구가 된다면 저자의 보람은 클 것이다.

개정판에서는 Chapter 1, 2, 3, 5의 내용을 보강하여 추가 하였다. 이 책의 필요성을 지지해 주시고 격려해 주셨던 동국대학교 교수님들, 학생들, 김선민, 이준희, 이상준, 곽명선, 뉴욕대학교(NYU) 웨스브룩스 교수님, 닥터 브라이언, 경희대학교 김학민 교수님, 공부할 수 있는 기회를 주신 부모님, 동생 그리고 언제나 힘이 되어주는 사랑하는 남편 뮤지컬 배우 이상현, 그 외 도움 주신 많은 분들께 감사드리며 아울러 뮤지컬을 통하여 많은 사람들이 행복한 기운을 얻기를 뮤지컬 배우와 교육자로서 기원 드린다.

Chapter 1

Introduction to Musical Theatre

뮤지컬 노래를 잘 부르기 위해서 알아야 할 내용들이 있어요^^

이론적 배경을 알고 부르면 더 정확히 표현할 수 있겠죠?

자 , 이제 뮤지컬 역사와 작곡가들을 먼저 살펴볼까요?

1. 간추린 미국과 영국의 뮤지컬 역사

1700년대

미국은 영국령하에 1735년에 최초의 영어로 된 오페라가 공연되었다. 그 후에 유랑 공연단이 도시를 돌며 공연하였고 대부분의 형식은 영국의 공연에서 영향을 많이 받았다. 그 후 1776년 미연방이 독립을 하면서 유랑 극단들이 재정비를 하게 되고 1790년대 뉴욕, 보스턴, 필라델피아 등 동부쪽에 중요한 극장들이 세워졌다.

극장들이 음악가들에게 정규직을 줌으로써 영국, 독일 등 유럽 음악가들이 미국에 정착을 하게 되고 공연에서 음악가의 비중이 커지게 된다.

드라마와 팬터마임 등으로 구성된 이브닝 쇼는 오늘날의 인터미션 형식을 갖게 되는데 배우들은 춤과 노래로 즐거움을 선사하였다. 당시 관객들은 지금과는 다르게 공연중에 자유로운 이동이 가능했고 음식물 섭취 또한 가능했다.

19세기(The Nineteenth Century)

1800-1840

여전히 유랑 극단들이 활동을 하는 가운데 이들은 한 단계 발전되어 영국에서 온 유명한 배우들을 각 지방 공연 투어에 참가시키는 스타 시스템 'Star System' 을 이용하여 공연을 하였다. 미국에 거주하는 배우, 극작가, 작곡가들도 활동을 하였으나 정작 중요한 공연은 영국에 의존하는 실정이었다.

프랑스 테크닉에서 유래된 멜로드라마(Melodrama)는 19세기 초, 중반의 중요한 장르였으며, 미국에서 공연된 첫 멜로드라마는 '낙소스 섬의 아리아드네(by Victor Pelissier)' 이다.

멜로드라마는 극중 감정적 효과를 극대화하기 위하여 짧은 음악을 사용하던 기술을 말한다. 악기만으로 효과음이나 극적인 고조를 나타낼 때도 사용되었는데 멜로 'Melos' 라고도 하였다. 내용은 선과 악, 권선징악의 통속적인 내용들이 주를 이루었고 이러한 내용들이 오늘날의 멜로드라마의 대중적인 개념이 되었다.

공연의 형식은 공연 전 댄스, 발레를 하고 후반부에 노래를 하는 코믹 오페라 'Comic Opera' 형식을 이용하였다. 당시 프랑스에서 온 발레 공연들이 인기를 얻자 멜로 드라마 형식에 발레를 접목하여 큰 인기를 누리기도 하였다. 콘서트나 오페라에서 인기를 끌던 유럽 출신의 가수들이 보컬 스타 'Vocal Star' 로 등극하면서 큰 성공을 이루었다.

1840-1865

멜로 드라마(Melodrama)와 노래가 포함된 극이 성행하였다.

백인들이 흑인 분장을 하고 그들의 말투, 춤과 노래 등의 특징을 흉내 내는 흑인 민스트럴(Blackface Minstrelsy)이 등장하였다. 흑인 민스트럴은 노래, 개그, 스탠딩 코미디, 셰익스피어 패러디로 다양한 장르가 복합되어 이루어졌다. 또한 팬터마임(Pantomime), 발레(Ballet), 스펙터클(Spectacle), 엑스트라바겐자(Extravaganza), 벌레스크(Burlesque)와 같은 여러 쇼 형식의 공연들이 성행하였다. 클래식 오페라도 계속 공연하였고 영국, 프랑스, 이탈리아, 독일의 유럽 오페라단이 미국 지역에서 투어 공연을 하며 레퍼토리를 알렸다. 또한 영어로 번역된 오페라 공연이 미국 전역에서 흥행을 이루며 정착하였다. 대중적인 흥행으로 오페라 레퍼토리 중 유명한 아리아 악보는 피아노 변주곡으로 공연하기도 하였고 지금의 오페라 갈라 콘서트 형식으로도 공연되었다. 그리하여 뮤지컬이 오늘날 미국의 일상생활에 자연스럽게 스며드는 계기가 되었다.

1865–1900

19세기 후반에는 앞서 언급한 장르들의 공연이 더욱 발전되고 확장되어 장르가 병합되고 새로운 장르인 오페레타(Operetta, Light-Opera)가 선을 보인다.

극장 시스템도 발전을 하게 되어 지방 극장들과 투어 공연 등을 컨트롤할 수 있는 매니저가 등장하고 대중에게 인기 있는 곡들은 악보로도 나와 판매되었다. 지금의 뮤지컬 형식인 공연들 즉, 엑스트라바겐자, 레뷰(Revue), 풍자 코미디(Farce-Comedy) 등의 형식을 일컫는 말로 '뮤지컬 코미디(Musical Comedy)'라는 용어가 사용된 시기이다.

1866년 첫 번째 뮤지컬 형식인 블랙 크룩(The Black Crook)이 공연되면서 성공을 거두게 된다. 5시간 반 동안 이루어지는 엑스라바겐자 형식의 이 공연은 멜로드라마와 판타지(괴테의 파우스트, Goethe's Faust), 발레 등을 스펙터클한 장면과 화려한 의상, 무대 장면 전환을 통해 표현하였다.

여전히 멜로드라마가 계속되고 음악의 중요성도 점차 높아졌지만 반주에 대한 중요성은 여전히 무시되기도 하였고 반주 악보 작업 또한 미비하였다.

멜로드라마 음악작품 중 가장 중하게 꼽히는 작품은 알렉산더 뒤마(Alexandre Duma's)의 로맨스 소설 '몬테 크리스토 백작(Le Comte de Monte-Cristo)'을 원작으로 한 연극 ; 몬테 크리스토(Monte Cristo, 1883)' 이다. 몬테 크리스토는 총 28개의 악기 음악인 Melos의 악보로 구성되어 있다. 각 Melos는 굉장히 간소하며 공연의 시작, 등퇴장, 각 장면 초와 사이, 극적인 효과(Leitmotifs) 등을 위해 사용되었다. 하지만 이 시기에는 연극에서도 일반적인 음악을 극적으로 중요한 요소로 사용하였기 때문에 이런 음악적 강조는 후기 19세기의 극에서 나타나는 전반적인 현상이라고 할 수 있다.

민스트럴: 흑인 뮤지컬(Minstrelsy: Black Musical Theatre)

1890년대는 흑인 민스트럴(Blackface Minstrelsy)의 황금기로 백인이 하던 공연을 흑인이 직접 참여하게 되면서 자신들을 민스트럴(Minstrels)이라고 명명하게 된다. 흑인(African-American)들이 연출, 극작, 작곡, 연기를 하는 흑인 뮤지컬이 탄생하게 된다.

오페라와 오페레타(Opera and Operetta)

1900년대 말 30년 동안은 외국어로 된 오페라가 상류층에 의해 인기를 얻게 되고 뉴욕, 보스턴, 필라델피아, 워싱턴 D.C., 시카고처럼 대도시에서 공연을 하면서 인기를 얻게 되고 뉴욕 메트로폴리탄 오페라 컴퍼니(1883)가 창립되기도 한다.

영어로 된 오페라 역시 뮤지컬 관객들의 성원에 힘입어 대중성을 얻으며 계속적인 공연을 하며 오페라 컴퍼니가 설립되고 Operetta에서 영감을 얻은 많은 공연들이 성행한다.

당시 가장 성공적인 오페레타를 만든 팀은 길버트(W. S. Gilbert, 1836-1911)와 설리번(Arthur Sullivan, 1842-1900)이다. 이들은 펜잔스의 해적(The Pirates of Penzance,1879), 미카도(The Mikado, 1885) 등을 함께 만들고 미국 오페레타에 큰 영향을 미쳤다. 길버트의 위트 있고 풍자적인 코미디적 내용에 설리번이 기술적으로 잘 짜여진 음악을 작곡함으로써 관객들에게 큰 사랑을 받았다.

보드빌과 버라이어티 쇼(Vaudeville and Variety show)

버라이어티 쇼는 코믹이나 감성적인 노래, 악기 솔로, 코믹 스킷(Comic Skits) 춤, 저글링, 아크로바틱, 민스트럴 쇼 등 여러 가지 요소가 있는 공연 형태로 콘서트 살롱(Concert Saloon)에서 공연되었다. 하지만 남북 전쟁(Civil War) 이후 1860년대는 콘서트 살롱에서 버라이어티 극장(Variety Theater)으로 옮겨 갔고, 1880년대 이후에는 오페라 극장처럼 인기 있는 장소가 되었다.

버라이어티 극장의 매니저는 유럽에서 이미 사용하고 있었던 '버라이어티 쇼' 라는 명칭을 '보드빌' 로 바꾸었다. 매니저는 프로 배우들의 전문성을 더욱 철저히 관리하고 음료수 반입을 금지시키는 등 극장 환경을 개선하는 데 힘썼다. 당시 버라이어티 극장에서는 현재까지 사용되는 공연 전문 팸플릿인 '플레이 빌(Playbill)' 을 만들고 다양한 프로그램을 선보였다.

주목할 만한 사람은 첫 번째 미국 뮤지컬이라고 명명된 리틀 조니 존스(Little Johnny Jones, 1904)를 공연한 조지 엠 코헨(George M. Cohen, 1878-1942)이다. 코헨은 극작, 작사, 작곡, 배우까지 모두 소화해 냈다.

또한 프랑스에서 유행이었던 레뷰(Revue)가 미국에 소개되어 초기 20세기 뮤지컬에 영향을 주었다.

20세기(The Twenty Century) 뮤지컬 개요

작곡가, 작사가, 극작가 제작자, 공연자들의 조합(Union)이 체계화되면서 오늘날 뮤지컬 형식의 작품이 만들어지는 계기가 되었다. 극작가의 활동이 커지면서 풍자적 코미디의 대가 길버트와 설리번, 오펜바흐로 대두되던 18세기에서 아름다운 사랑이야기를 소재로 다루는 빅터 허버트(Victor Herbert, 1859-1924)와 지그문트 롬버그(Sigmund Romberg, 1887-1951) 등이 19세기를 열었다. 20세기의 뮤지컬은 19세기를 바탕으로 현재 공연되는 많은 뮤지컬이 화려하게 탄생하게 되었다.

위의 내용에서 알아본 바와 같이 20세기 뮤지컬의 뿌리는 초기 영국의 발라드 오페라에서 시작되었다. 존 그레이(John Grey)의 거지오페라(Beggar's Opera)와 '길버트 앤 설리반'의 벌레스크 코미디, 오펜바흐(Offenbach)의 프랑스 풍 오페레타 등 유럽의 작곡가들에서도 영향을 받았다. 초기 뮤지컬은 장면보다는 음악, 무용, 앙상블이 더 강조된 스타일로 '조지 앤 아이라 거쉰(George and Ira Gershwin)'의 '레이디 비 굿(Lady be Good)'이 전형적인 작품의 예이다. 1930년대까지 이러한 작품 스타일이 유행하였는데 작품의 줄거리보다는 유명한 곡만이 남아있는 경우가 많으며 재즈곡으로 익숙한 'The man I love', 'Fascinating Rhythm' 등이 있다.

1920년대 후반부터 30년대까지 음악 형식이 많이 진보하였는데 제롬 컨(Jerome Kern)과 오스카 해머스타인(Oscar Hammerstein)이 함께 작업하면서 뮤지컬 'Showboat'를 통해 당시 다뤄지지 않던 인종 문제를 소재로 다루었다.

또한 팝, 댄스 리듬과 블루스의 영향으로 오페레타 스타일의 리듬이 점차 경쾌해졌다. 2차 세계대전 후에는 미국의 리처드 로저스(Richard Rodgers)와 오스카 해머스타인(Oscar Hammerstein), 로렌즈 하트(Lorenz Hart)가 함께 작업하면서 드라마틱한 스타일의 내용의 곡들이 작곡되었다.

1943년에는 리처드 로저스(Richard Rodgers)와 오스카 해머스타인 2세(Oscar Hammerstein Ⅱ)이 '로저스와 해머스타인' 파트너로 일하면서 드라마틱한 장면과 노래의 결정체인 '오클라호마(Oklahoma)'를 발표했다. 이전 작품들은 노래와 장면의 연결이 매끄럽지 못하였으나 '오클라호마'에서부터 장면이 노래로 자연스럽게 연결되는 성과를 이루었다.

이러한 클래식 스타일의 작품들은 향후 20년 정도 더 지속되었다. 당시 대표적인 작품으로는 'West Side Story, My Fair Lady, Guys and Dolls'를 들 수 있다.

1970년대 이후의 뮤지컬은 현대(Contemporary) 뮤지컬로 분류하며 음악 구조가 더욱 복잡해졌으며 다양한 음악 장르에서 영향을 받았다. 대표 작품으로는 '헤어(Hair), 토미(Tommy), 지저스 크라이스트 슈퍼스타(Jesus Christ Superstar)' 같은 록 뮤지컬, 팝 스타일의 '아이다(Aida), 렌트(Rent), 봄베이드림(Bombay Dreams)', 1980-90년대의 서사적 뮤지컬인 '레미제라블(Les Miserables), 미스 사이공(Miss Saigon), 오페라의 유령(The Phantom of the Opera)'이 있다.

또한 드라마틱한 내용에 상상력을 더한 컨셉 뮤지컬 '캣츠(Cats)', 기존 팝송을 이용한 '맘마미아(Mamma Mia)'도 등장하였다.

디즈니 만화를 모티브로 한 '미녀와 야수(Beauty and the Beast), 라이온 킹(The Lion King), 인어공주(The Little Mermaid)' 뮤지컬들과 영화를 재현한 '스파이더 맨(Spider Man), 애덤스 패밀리(Adams Family)' 등이 제작되었다.

영국 대표 작곡가로 '앤드류 로이드 웨버(Andrew Lloyd Webber)'가 많은 뮤지컬

작품들을 만들어 냈으며, 미국에서는 '스테판 손드하임(Stephen Sondheim)'이 여러

극적 구조를 갖는 작품들을 발표했다.

다음으로 시대별 주요 작곡가들과 작품에 대해 알아보자.

2. 20세기 뮤지컬 시대 구분과 대표 작곡가

시대별 주요 작곡가들은 많지만 순차적으로 꼭 공부해 보아야 할 대표 작곡가를 크

게 세 부분으로 나누어 보았다.

구 분	뮤지컬 초기		뮤지컬 중기 – 황금기	뮤지컬 후기 – 현대
시대	1900–1920	1920–1940 (Jazz Ages)	1940–1970	1970년대 이후
대표 작곡가	빅터 허버트 Victor Herbert (1859–1924) 어빙 벌린 Irving Berlin (1888–1989)	조지 거쉰 George Gershwin (1898–1937)	리처드 로저스 Richard Rodgers (1902–1979) 오스카 해머스타인 2세 Oscar Hammerstein II (1895–1960)	스테판 손드하임 Stephen Sondheim (1930) 앤드류 로이드 웨버 Andrew Lloyd Webber (1948–현재)

뮤지컬 노래를 선택하여 공부할 때 좋아하는 노래 위주로 선곡하거나 혹은 당시 유

행하고 있는 뮤지컬의 노래들을 부르는 경우가 많다. 하지만 좀 더 체계적으로 공부하

기 위해서는 시대별로 또는 작곡가별로 다양한 곡들을 불러 보면서 레퍼토리를 늘려

가야 한다.

흔히 클래식을 공부하는 학생들은 서로에게 '요즘 어떤 노래 공부해? 또는 불러?' 라고 질문할 경우 '나 슈베르트 곡을 공부해, 또는 모차르트 노래해' 라고 대답한다. 물론 현재 부르는 곡의 제목을 말하기도 하지만 작곡가의 시대와 스타일을 알고 있다면, 작곡가의 이름을 듣는 순간 이미 어느 시대 어떤 특징의 곡을 부르는지 알 수 있다. 또한 상대방의 목소리 타입까지 파악할 수 있게 된다.

미국의 뮤지컬을 공부하는 학생들도 서로 공부하는 곡목을 물을 때 곡 제목을 말하기도 하지만 역사적으로 유명한 뮤지컬 작곡가들의 이름을 대며 '나 로저스 앤 해머스타인 2세(Richard Rodgers and Oscar Hammerstein Ⅱ) 노래 공부해, 또는 손드하임(Stephen Sondheim) 노래 연습해' 라고도 한다.

뮤지컬의 기본 구조를 형성시킨 고전적인 작곡가들부터 현대 작곡가들에 이르기까지 각 특징을 파악하며 체계적으로 부른다면 다양한 레퍼토리와 함께 자신에게 맞는 곡들도 잘 찾을 수 있게 될 것이다. 또한 한 장르에 국한하지 않고 다양한 곡을 연습하면 취약한 부분을 개선 할 수 있다.

시대별 작곡가와 대표 작품을 더 알아보자

1900-1920
오페레타 스타일의 작품들이 성행되었던 시대이다.

빅터 허버트, Victor Herbert(1859-1924, German)
장난스런 마리에타(Naughty Marietta, 1910): 주요 아리아로는 이탈리안 거리의 노래(Italian Street Song), 아 달콤하고 신비로운 인생이여(Ah, Sweet Mystery of Life) 등이 있다.

어빙 벌린, Irving Berlin(1888-1989)

- 애니여 총을 들어라(Annie Get Your Gun, 1946)

레지날드 드 코벤, Reginald de Koven(1859-1920)

- 행복한 미망인(The Merry Widow, 1943)

플로렌즈 지그필드, Florenz Ziegfeld(1867-1932)

- 난봉꾼들(Follies,1907)

지그문트 롬버그, Sigmund Romberg (1887-1951)

- 사막의 노래(The Desert Song, 1926), 새로운 달(The New Moon, 1928)

1920s-1930s Jazz Age

흑인 뮤지컬의 등장(African-American musical theatre)

톰 아저씨의 오두막(Uncle Tom's Cabin, 1880): 백인이 공연하는 민스트럴이 아닌

각 역할을 나누어 최초로 흑인과 백인을 함께 고용한 작품

- 남부인들(The Southerner, 1904)

제롬 컨, Jerome Kern(1885-1946)과

오스카 해머스타인, Oscar Hammerstein(1895-1960)의 등장

- 쇼보트(Showboat, 1946): 최초의 흑인 뮤지컬 흥행작

조지 거쉰, George Gershwin(1898–1937)과 아이라 거쉰, Ira Gershwin(1896–1983)

– 포기와 베스(Porgy and Bess): 흑인에 대한 긍정적인 견해를 불러일으킨 작품

1940s – 1960s

콜 포터, Cole Porter(1964–현재)

– 맘대로 하세요(Anything Gose, 1934), 키스미 케이트(Kiss me Kate, 1948)

리차드 로저스, Richard Rodgers(1902–1979)와 파트너인

오스카 헤머스타인 2세, Oscar Hammerstein Ⅱ(1895–1960)

– 오클라호마(Oklahoma, 1943)

– 왕과나(The King and I, 1951)

– 안무가: 제롬 로빈스(Jerome Robbins, 1918–1998)

After 1970s

레오나드 번스타인, Leonard Bernstein(1918–1990)

– 원더풀 타운(Wonderful Town, 1953)

– 웨스트 사이드 스토리(West Side Story, 1957)

스테판 손드하임, Stephen Sondheim(1930–현재)

– 컴퍼니(Company, 1970), 스위니 토드(Sweeny Todd, 1979)

앤드류 로이드 웨버, Andrew Lloyd Webber(1948–현재)

– 오페라의 유령(The Phantom of the Opera, 1988)

- 지저스 크라이스트 슈퍼스타(Jesus Christ Superstar, 1971)

스테판 슈왈츠, Stephen Schwartz(1948–현재)

- 가스펠(Godspell, 1971), 위키드(Wicked. 2003)

애덤 구에틀, Adam Guettle(1964–현재 : Richard Rodgers의 손자)

- 사원의 빛(The Light in the Piazza, 2005)

주요 안무가(Choreographers)겸 연출가(Directors)

아네스 드 밀, Agnes de Mille(1905–1993) – 오클라호마(Oklahoma, 1943)

제롬 로빈스, Jerome Robbins(1918–1998)

- 웨스트 사이드 스토리(West Side Story, 1957)

밥 포시, Bob Fosse(1926–1987)

- 피핀(Pippin, 1972), 시카고(Chicago, 1975)

3. 20세기 뮤지컬 양식과 레퍼토리

1) 뮤지컬 이전의 공연 양식

오늘날과 같은 뮤지컬 양식 이전의 초창기 브로드웨이 뮤지컬 형태는 여흥을 중시하는 노래와 춤으로 이루어진 쇼 형식과 클래식 공연 형식이다. 이후 다양한 쇼 형식은 극의 선형성이 없는 단순구조인 '송 앤 댄스 쇼(Song and Dance Show)'로, 오페라는 '라이트 오페라(Light Opera)'라고 불리는 '오페레타(Operetta)'로 발전된다.

- 송 앤 댄스 쇼(Song and Dance Show)
뮤직 홀, 버라이어티 쇼, 민스트럴 쇼, 보드빌, 벌레스크 쇼, 엑스트라바겐자, 레뷔 등
- 오페레타(Operetta)

(1) 영국과 미국의 초창기 뮤지컬 1850년대-1890년대

당시 영국은 길버트와 설리반의 코믹 오페레타가 큰 인기를 끌었다. 그러나 1890년대 이후 관객들은 더욱 화려하고 위트 있는 공연을 보고 싶어했다. 따라서 밝고 경쾌한 코믹 요소를 갖는 '송앤댄스 쇼'의 공연 양식이 대중적으로 큰 호응을 얻었으며, '뮤지컬 코메디(Musical Comedy)라는 용어를 사용하기 시작하였다.

미국 브로드웨이의 뮤지컬은 미국의 독립(1776), 산업혁명(1840년대)과 남북전쟁(1861-1865)을 거쳐 사회, 정치, 경제적 변화로 뉴욕에 인구가 집중되고 브로드웨이 중심으로 극장들이 생기면서 공연의 주류가 되었다. 당시 영국과 마찬가지로 오페레타 스타일의 공연들과 송 앤 댄스 스타일의 공연이 혼재하고 있었으며, 미국인들에 의해 창작 공연된 최초의 뮤지컬은 블랙 쿠룩(Black Crook, 1866)이 있다.

2) 뮤지컬 초기 1900-1930년대 / Jazz Ages

(1) 초기 뮤지컬 코메디(Musical Comedy)

뮤지컬의 뿌리라 할 수 있는 20세기 초의 초창기 뮤지컬 코메디는 오페레타의 선형성을 잘 나타낼 수 있는 극적 장치와 송 앤 댄스의 쇼 적인 요소가 혼합되어 있었다. 하

지만 극의 내용이 잘 짜이지 않고 노래와 춤의 기능 또한 여흥을 주는 것을 벗어나지 못 했다.

뉴욕 맨해튼 28가를 중심으로 19세기부터 20세기 초 악보 출판업자들과 작곡가들이 모여 '틴팬앨리(Tin Pan Alley)'라는 거리를 형성한다. 이 지역에서 출판업자에 의해 악보로 인쇄되고 많은 수익을 양산하여 황금기를 맞기도 하였으나 경제공항과 새로운 매체인 라디오의 도입으로 쇠퇴기를 맞는다. 이 당시 작곡가들이 작곡하던 노래 스타일은 32마디를 기본으로 하는 AABA 형식이 주를 이루었다. 이를 '틴 팬 앨리 송(Tin Pan Alley Song)'이라고도 하며, 후로도 대중음악과 북 뮤지컬 형식에 큰 영향을 끼쳤다.

조지 코헨(George Cohan, 1878-1942), 리틀 자니 존스(Little Johnny Jones, 1904)

양키 두들 댄디(Yankee Doodle Dandy, 1942)

조지 거쉰(George Gershwin, 1898-1937)

걸 크레이지(Girl Crazy, 1930), 파리의 아메리카인(1951), 퍼니 페이스(1957)

어빙 벌린(Irving Berlin, 1888-1989)

애니야 총을 잡아라(Annie get your gun, 1946)

쇼 비즈니스 만한 사업은 없지(There's no business like show business, 1946)

(2) 초기 뮤지컬 플레이(Musical Play)

초기 뮤지컬 코메디는 이야기의 선형성이 기반이 되지만, 여전히 춤과 노래의 여흥을 중시하였다. 이후 이에 반하여 내용을 더욱 중시한 뮤지컬들이 만들어지기 시작했다. 따라서 작품의 내용은 여흥을 위한 인물과 내용 보다는 현실에 있을 법한 인물이 극을 끌어가고 동시대성이 강한 요소들이 강조되었다. 연극적 속성이 강해 뮤지컬 코메디와 다른 개념으로 자리매김 하면서 뮤지컬 플레이로 구별되었다.

이러한 뮤지컬 플레이의 발전은 대본이 중심이 되며, 음악과 춤이 그 내용을 잘 받쳐 줄 수 있는 요소로서 잘 짜여진 '북 뮤지컬'의 개념을 낳게 한다. 이는 향후 대본, 음악, 춤이 잘 짜인 하나의 형식으로 통합되는 통합 뮤지컬의 시대를 여는 기폭제가 된다. 쇼보트(Showboat)는 북 뮤지컬의 효시로 47년의 세월을 3시간으로 축약하고 인종문제라는 다소 심각한 이야기와 음악과 춤의 요소를 균형 있게 반영했다.

이 시대에 자주 사용하던 장면 기법으로 드림 발레(Dream Ballet)가 있다.

뮤지컬에서 드림 발레는 극중 인물이 잠이 들면 꿈속으로 들어가 드라마틱한 무용극으로 내용을 전달한다. 꿈의 내용은 일어나지 않은 사건에 대한 예지몽이나 악몽 등 다양하게 연출된다. 뮤지컬 오클라호마에서 드림 발레 장면을 삽입하였으며, 카루셀(Carousel)에서도 드림 발레 장면을 확인할 수 있다. 하지만 현대 뮤지컬은 배우의 노래나 대사 없이 오랜 시간 무용극 장면으로 되어있는 작품은 극히 드물다.

대표 작곡가

제롬 컨 Jerome Kern (1885-1945)

쿠르트 바일 Kurt Weill (1900-1950)

조지 거쉰 George Gershwin (1898-1937)

대표 작품

쇼 보트(1927), 서푼짜리 오페라(1928), 어둠속의 여인(1941)

풍악을 울려라(1930), 조국찬가(1931), 포기와 베스(1935), 오클라호마(1943)

3) 뮤지컬 중기 1940-1960년대

(1) 통합 뮤지컬이란?

1940년대 이후 뮤지컬의 황금기, 통합 뮤지컬(Integrated Musical)의 시대가 열리다!

통합뮤지컬 〉뮤지컬 플레이(Musical Play) 〉북 뮤지컬(Book Musical)

통합 뮤지컬은 선형성이 있는 극 구조에 노래와 춤이 자연스럽게 잘 짜인 형태를 총칭한다. 뮤지컬 플레이는 초기 송앤댄스 시절의 여흥 위주의 작품에서 벗어나 진지한 내용으로 만들어 보자는 취지에서 발전되었다. 따라서 뮤지컬 코메디처럼 코믹한 인물이나 낭만적 상황이 강조되는 코믹적 요소보다는 다소 진지하고 현실성 있는 내용으로 극적인 속성이 강하다. 한층 더 나아가 북 뮤지컬은 대본이 더욱 중요시되면서 노래와 춤이 그 자체의 기능으로서 더 확장되기보다는 극의 흐름을 잘 나타내기 위한 수단으로 사용되었다.

(2) 뮤지컬 플레이와 북 뮤지컬

뮤지컬 황금기인 중기 뮤지컬 플레이는 내용적, 구조적으로 한층 더 발전하였다. 본격적인 북 뮤지컬은 로저스와 해머스타인 2세(Rodgers & Hammerstein II)의 오클라호마이다. 오클라호마의 노래와 춤은 화려한 테크닉을 보여주지만 그 자체의 기능보다는 드라마를 위한 장면 설명 장치로 사용되었기 때문이다. 그 이전에도 비슷한 시도들이 있었으나 로저스와 해머스타인이 대표적 인물로 꼽히게 된 이유는 당시 사회적 상황이 큰 역할을 하였다. 다른 작품들은 2차 세계대전 중에 발표된 반면, 이들의 작품은 종전 직후부터 뮤지컬이 호황을 누리던 시기에 발표되었다. 또한 당시 로저스와 해머스타인 작품의 제작자와 연출가가 오클라호마와 이후의 작품들에 대해 '북 뮤지컬'이라 명명하고 전략적인 홍보를 함으로써 이들의 뮤지컬이 북 뮤지컬의 상징이 되었다.

뮤지컬의 초기 음악들은 재즈 빅 밴드 풍의 관악기 위주가 대세이었지만, 뮤지컬 중기 로저스와 해머스타인은 현악기를 주악기로 편성함으로써 클래식한 느낌을 더 살렸다.

로저스와 해머스타인의 북 뮤지컬 특징은 대본을 먼저 만들고 후에 음악을 붙이는 방식으로 춤과 노래가 극의 한 맥락으로 개연성이 있게 사용되었다. 극의 내용은 동시 대성이 있는 현재의 소박한 이야기들을 기승전결의 잘 짜인 구조로 구성하였으며, 인물을 중심으로 한 사실적 소재의 줄거리와 음악과 춤, 극 사이의 긴밀한 통합을 이루려 하였다. 또한 노래의 가사를 통해 사건의 흐름을 나타내고, 노래와 대사가 극 안에서 자연스럽게 이어진다.

대표 작품

왕과 나(1951), 사운드 오브 뮤직(1959), 웨스트 사이드 스토리(1957), 라만차의 사나이(1964), 지붕위의 바이올린(1966)

2000년대 이후 뮤지컬 플레이

사원의 불빛(The light in the piazza, 2003), 뉴시즈(Newsies, 2012) 등

(3) 중기 뮤지컬 코메디

중기 뮤지컬 코메디는 초기 뮤지컬 코메디와 같이 노래와 춤의 여흥을 중시하지만, 다른 점은 북 뮤지컬의 특징인 드라마, 노래, 춤의 통합적 개념을 동시에 담고 있다. 즉 극이 개연성 있게 흐르고, 그 내용 안에 노래와 춤이 자연스럽게 흐른다.

중기 뮤지컬 코메디는 뮤지컬 플레이와 달리 노래와 춤의 화려하고 재미있는 장면을 위해 뮤지컬에 관련된 이야기를 소재로 즐겨 사용하였다. 이를 '백 스테이지(Backstage) 뮤지컬' 이라 한다. 극중극의 형식을 띄기도 하고 극중 인물들은 뮤지컬 배우들의 이야기나 무대 및 공연계 인물들이 주를 이루며, 극의 내용을 통해 뮤지컬 제작, 연습, 공연 장면 등이 설정 된다. 이 시기의 모든 작품이 '백 스테이지 뮤지컬' 을 지향하지는 않으며 뮤지컬 코메디가 아닌 다른 양식에서도 다양한 배경과 소재가 사용 되었다. 중기 이후 백 스테이지 뮤지컬은 폴리스(Follies, 1971), 코러스라인(A chorus Line, 1975), 오페라의 유령(1986) 등이 있다.

대표 작곡가

콜 포터 Cole Porter (1891-1964), 레너드 번스타인 Leonard Bernstein (1918-1990)
제리 로스 Jerry Ross (1926-1955), 리처드 애들러 Richard Adler (1921-2012)
프랑크 뢰서 Frank Loesser (1910-1969), 앨런 제이 러너 (1918-1986)
프레데릭 로우 Frederick Loewe (1901-1988)

대표 작품

42번가(42nd street, 1933), 키스미 케이트(kiss me kate, 1948), 마이 페어 레이디 (1956), 아가씨와 건달들(1950), 파자마 게임(Pajama game,1954), 집시(1959)

중기 이후 뮤지컬 코메디

프로듀서스(2001), 속속들이 현대적인 밀리(Thoroughly modern Millie, 2002)

헤어스프레이(2002), 웨딩싱어즈(2006), 리걸리 블론드(2007) 등

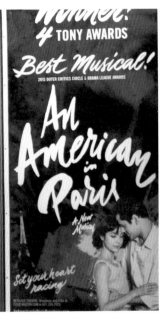

4) 뮤지컬 후기-1970년대 이후 현대 뮤지컬

콘셉트(Concept) 뮤지컬과 록(Rock) 뮤지컬의 시대가 열리다!

(1) 콘셉트 뮤지컬(Concept Musical)

뮤지컬 양식은 1970년대에 들어서면서 새로운 변화를 맞이한다. 뮤지컬 중기 화려하게 발전했던 통합 뮤지컬의 정체 현상으로 새로운 양식의 필요성이 대두 되었다. 통합 뮤지길은 기본적으로 대본을 중시하고 기승전결의 극 구조에 노래와 춤이 개연성 있게 짜인 것으로, 노래와 춤은 극의 흐름에 방해 되지 않는 범주 내에서 허용된다.

그러나 콘셉트 뮤지컬은 이러한 기승전결에 의한 사실적 스토리 전개방식에 의존하던 전통적 속성에 반대되는 신개념 뮤지컬이다. 따라서 대본에 의존하던 노래와 춤의 관습적 제약을 최소화하고 창작자의 의도와 콘셉트를 드러낸다. 즉, 콘셉트 뮤지컬은 뮤지컬 양식의 혁신적 변화이며 극 전개 방식, 음악과 춤의 역할까지 바꿔놓았다.

	송앤댄스	통합 뮤지컬	콘셉트 뮤지컬
노래와 춤의 역할	- 관객에게 단순 여흥 제공 목적	- 극의 흐름 안에 개연성 있게 연결 됨 - 노래, 춤 자체의 기능 제한적	- 관객에게 무언가를 생각하게 하는 것이 목적 - 무엇을 혹은 왜 표현하려는가

콘셉트 뮤지컬은 이전의 낭만적이고 몽환적 주제 전달에서 탈피하고 사실적 전개의 틀을 해체하고 관객의 몰입을 의도적으로 방해한다. 또한 노래와 춤을 통해 작곡가, 작사가가 표현하려는 '개념(Concept)'을 나타낸다. 따라서 낙관적인 내용보다는 작품을 통해 관객에게 삶과 사회의 어두운 모습을 직면하게 함으로써 감동과 몰입보다는 소외효과를 통해 이성적 판단을 야기한다는 점에서 베르톨트 브레히트의 서사극의 요소를 내포한다.

콘셉트 뮤지컬은 1930년대부터 한 두 작품씩 시도 되다가 1960년대에 조금씩 개발되기 시작하였고, 1970년대에 들어서면서 스테판 손드하임에 의해 본격적인 모습을 드러내게 되었다.

정리해 보면, 콘셉트 뮤지컬은 이전의 관습적인 형식에서 벗어나 자유롭게 표현할 수 있으며, 극 구조 또한 아리스토텔레스의 선형적 구조를 벗어난다. 따라서 각 장면은 개연성이 떨어지지만 시간, 장소에서 자유롭다. 또한 양식화된 춤으로 사건을 표현하는 웨스트 사이드 스토리(1957), 캬바레, 시카고, 피핀도 콘셉트 뮤지컬의 속성을 지

넜다고 할 수 있다. 콘셉트 뮤지컬의 속성은 관습에서 자유롭기 때문에 실험성이 강한 작품이나 소극장 작품에서 빈번히 사용된다. 상대적으로 상업적인 대형 극장 스타일의 뮤지컬은 전통적 통합 뮤지컬 양식을 따르는 경우가 대부분이다.

대표 작품

판타스틱스(1960), 캬바레(1966), 컴퍼니(1970), 피핀(1972), 시카고(1975)

코러스 라인(1975), 조셉 어메이징 테크니컬러 드림코트(1969 레코딩, 1982 브로드웨이), 스프링 어웨이크닝(2006) 등

통합 뮤지컬과 콘셉트 뮤지컬의 특징 비교

통합 뮤지컬	콘셉트 뮤지컬
– 기승전결의 선형적 담론 – 극의 진행을 위한 순차적 장면의 개연성과 사건 진행의 필연성 – 관객을 극의 줄거리에 몰입, 집중 시킴 – 극의 환상성으로 감정이입 시킴 – 결말에 대한 기대와 긴장감 – 관객의 수동성 단점 : 새로운 소재나 다양한 시도에 대한 관습적 양식이 저해 요소가 됨	– 장면의 파편화 – 논증에 따른 비판의식과 그에 대한 인식 야기함 – 줄거리흐름이 아닌 음악, 춤 자체로 작가의 의도 전달 – 소외효과 – 3인칭 화자의 진행(사회자, 극중인물, 무용, 코러스 등) – 인물의 역사화 – 인물의 자기분열 – 디에제틱(Diegetic) 음악 사용 – 사건 진행 과정에 대한 긴장감 – 관객의 능동적 참여 및 결단 요구 단점 : 파편화된 구조가 관객의 흥미 유발을 저하시킴

디에제틱 음악은 소의의 의미로써 사람소리, 우는 소리 , 새소리, 거리소리, 음악에 맞춘 동작 등 특정 소리를 나타내거나, 광의의 의미로 특정시대 공간 계층이 쓰던 느낌을 주기 위해 당시의 특정음악을 사용하는 것을 말한다.

옴니버스 콘셉트 뮤지컬

콘셉트 뮤지컬의 한 맥락으로 실험적이고 새로운 이야기들을 표현하는 방식으로 소극장 뮤지컬만의 독특한 방식이 사용되고 있다. 이러한 구성은 개인의 이야기, 심각성을 배제하기도 하며, 일상의 이야기를 가볍게 풀어가는 형태로 기승전결 방식이 아닌 에피소드의 연속이나 이야기의 시작이 결론부터 시작되거나 수미상관의 구조로 형성된다. 이를 '콘셉트 뮤지컬 요소를 갖는 옴니버스 뮤지컬' 이라 부를 수 있다. 이러한 구성은 손드하임의 컴퍼니나 공원에서 조지와의 일요일 밤과 같은 맥락으로 볼 수 있다. 음악적으로도 소규모 악기 편성과 팝 스타일의 음악을 주로 사용하며, 등장인물도 최소화 하는 경우가 많다. 따라서 화려한 앙상블 쇼 보다는 주인공들의 이야기를 통해 감동을 전달한다.

대표작품

찰리 브라운(You're a good man Charlie Brown, 1967 Off-Broadway 1968 West End, 1971 Broadway), 아이러브유(I Love You, You're Perfect, Now Change,1996), 라스트 파이브 이어스(2002), 베이비(1983)

(2) 록 뮤지컬

뮤지컬 초, 중기 시대의 뮤지컬 음악은 관악기의 재즈 풍 발라드나, 현악기 위주의 클래식한 음악이 주를 이루었다. 당시의 뮤지컬 음악은 대중음악과 분리되지 않고 뮤지컬 음악이 곧 대중적인 인기를 끌었다. 하지만 뮤지컬 음악은 1970년대 들어서부터 새로운 국면을 맞이한다.

록큰롤(Rock and Roll) 음악은 이미 1950-60년대 사회상을 반영하며 젊은이들 사이에서 크게 인기를 끌고 있었다. 그러나 뮤지컬 음악으로는 사용되지 않고 있었는데 클래식에 익숙한 기성세대의 반감으로 1970년대에 이르러서 본격적으로 사용되었다. 반전운동과 사회저항 및 비판정신, 히피문화에서 비롯된 록음악은 1950년대부터 간헐적으로 뮤지컬에 사용되었지만 크게 조명 받지 못하였고, 헤어(1968), 토미(1969)로 인해 재조명되었다. 이는 과거의 관습에서 벗어나고자 하는 젊은이들의 움직임을 혁신적으로 반영한 것으로 뮤지컬 양식에도 큰 변화를 주었다.

록 뮤지컬은 이전 통합 뮤지컬의 긍정적이고 낭만적인 내용보다는 자유, 마약, 저항 정신, 반전운동 등 당시로서는 파격적인 소재를 담고 있으며, 음악적으로 '록 밴드'의 악기 구성인 전자 음악 악기가 반주로 사용되었다. 그러나 전자 기타, 신디사이저, 드럼 등 스피커를 통한 음의 증폭과 반복된 리듬으로 연주하는 방식은 기존의 뮤지컬이 표현하는 선율과 가사의 아름다움이나 내용의 전달에 문제가 있었다. 강한 전자 음향을 뚫기 위해 노래는 더욱 강하게 소리 내는 '샤우팅(Shouting)' 창법이 사용되었으며, 아름다운 소리의 연결 보다는 짧게 끊거나 지르는 방식도 많이 사용되었다.

대표 작곡가로서 앤드류 로이드 웨버는 록 뮤지컬을 본격적으로 대중에게 소개하고 록 뮤지컬을 보편적인 뮤지컬 언어로 만들었다. 웨버의 작품은 사회 반항적 내용을 대중들이 공감할 수 있는 이슈로 해석하여 큰 명성을 얻었다.

대표 작품

지저스 크라이스트 슈퍼스타(1971), 헤어(1968), 토미(1969), 가스펠(1971)

헤드윅과 앵그리 인치(1998), 뷰티풀 게임(2000), 스프링 어웨이크닝(2006)

록 팝 뮤지컬

1970년대 록 뮤지컬의 대두는 뮤지컬 양식의 혁신적 장치로 소재, 음악 등 여러 면으로 새로운 시도를 보여줬다. 하지만 가사의 섬세한 표현에 있어 한계점에 도달하게 된다. 따라서 그에 대한 해결책으로 록(Rock)음악과 팝(Pop)음악이 절충되는 형태를 띠게 된다.

팝 음악 스타일의 선율, 가사와 전자 악기의 조화로 인해 강함과 부드러움을 동시에 표현 할 수 있게 되었다.

대표적인 작곡가인 앤드류 로이드 웨버는 그의 작품에서 록과 팝을 접목 시키는 데 그치지 않고 클래식까지 접목시켰다. 조셉 어메이징 테크니컬러 드림코트(1969)는 팝 음악스타일을 주로 사용하였지만, 지저스 크라이스트 슈퍼스타(1971)에서는 강렬한 록 음악으로 메시지를 전달하였다. 그리고 세계 4대 뮤지컬 중 한 작품인 오페라의 유령에서는 록과 팝, 클래식을 적당히 혼용하였다. 웨버의 방식을 통하여 이후 많은 작품들이 음악 장르의 절충 기법의 예를 따르고 있다고 해도 과언이 아닐 것이다. 록 뮤지컬, 록 팝 뮤지컬 이후 뮤지컬 음악은 신디사이저가 현악기와 관악기를 어느 정도 대신하고 있으며, 기타나 드럼의 사용 빈도 또한 높기 때문에 뮤지컬 중기의 클래식한 어쿠스틱 반주만을 사용하는 경우는 거의 드물다.

대표 작품

조셉 어메이징 테크니컬러 드림코트(1969), 에비타(1978), 그리스(1971), 토요일 밤의 열기(1971), 틱틱붐(1990), 렌트(1996), 위 윌 락유(we will rock you, 2002) 의형제(1983), 스프링 어웨이크닝(2006)

컬트 뮤지컬

록 뮤지컬이나 록 팝 뮤지컬의 음악 범주에 속하지만 내용적으로 컬트 문화를 표방하는 뮤지컬 작품을 일컫는다. 이는 식인 꽃, 외계인, 사이비 종교, 숭배, 동성애, 좀비 등의 비현실적인 내용과 소재로 만든 뮤지컬이다.

대표 작품

로키 호러쇼(1973), 공포의 꽃가게(1982 Off-Broadway, 1983 West End) 이블데드(2003)

(3) 절충주의(Eclecticism) 뮤지컬

통합 뮤지컬의 요소와 콘셉트 뮤지컬의 장점이 절충된 기법

통합 뮤지컬 + 콘셉트 뮤지컬 = 절충주의 뮤지컬

스티브 손드하임은 1970년 컴퍼니의 발표 이후 1979년 스위니 토드를 통해 한층 더 발전된 양식을 구현한다. 작품의 특징은 통합 뮤지컬의 기승전결이 있는 선형성을 유지하면서 작품의 표현 방식은 콘셉트 뮤지컬 요소를 동시에 사용함으로써 이원화된 관점의 요소들이 조화된 절충적 뮤지컬 양식을 보인다. 손드하임은 뮤지컬 스위니 토드를 통해 통합 뮤지컬과 콘셉트 뮤지컬의 단점을 보완하고 장점을 절충하여 관객의

이성적 판단과 극적 긴장감을 동시에 충족할 수 있는 양식을 선보였다. 다양한 소재의 수용과 능동적인 극 구조의 변형은 창작자에게 자유를 부과한다. 오늘날 현대 뮤지컬의 어법에 빈번히 사용되며, 이는 미래지향적 뮤지컬 양식의 좋은 예이다.

대표작품

에비타(1978), 스위니 토드(1979), 조지와 함께한 일요일(1984), 인투더 우즈(1987)

엘리자벳(1992), 렌트(1996), 노트르담 드 파리(1998), 지킬과 하이드(1990) 등

(4) 성스루 뮤지컬(Sung-Through Musical)

1970년대 록 음악의 등장 이후 또 하나의 음악적 변화는 성스루 뮤지컬(Sung-Through Musical)의 등장이다. 성스루 뮤지컬은 모든 장면이 대사 없이 노래로 연결되는 형식으로 오페라의 관습을 담고 있다. 이는 노래-대사-노래-대사로 연결되는 '송 앤드 신스 뮤지컬(Song and Scenes Musical)'의 대비되는 개념이다. 작품의 시작부터 끝까지 노래로 지속되고 대사 부분을 레치타티보(Recitativo), 아리오조(Arioso) 형식으로 대신하고 정식노래로 연결된다.

이 양식의 대표 작곡가는 앤드류 로이드 웨버와 클로드 미쉘 쉔버그(Claude-Michel Schönberg, 1944-)가 있다.

웨버의 성스루 뮤지컬은 1970년대부터 조셉 어메이징 테크니컬러 드림코트, 지저스 크라이스트 슈퍼스타, 캐츠(Cats)에서 정식 노래들로 연결된 형식을 보였으며, 오페라의 유령에는 짧은 대사, 레치타티보(Recitativo)나 아리오조(Arioso)를 정식노래와 교차하여 더욱 발전된 형식을 보인다. 웨버의 성스루 뮤지컬(Sung-Through Musical)은 완벽한 성스루(Sung-Through)라고 할 수는 없지만, 대사 장면을 의도적으로 축소하고 음악의 흐름으로 극이 진행된다는 점에서 성스루 뮤지컬(Sung-

Through Musical)의 범주로 볼 수 있다. 질 산토리엘로의 극작, 작곡의 '두 도시 이야기(2008)'도 이 범주에 속한다. 음악의 연속성은 유지하지만 대사의 자유로움을 동시에 표현할 수 있는 형식의 절충을 보여준다.

성스루(Sung-Through) 양식의 완성을 기한 작곡가 클로드 미쉘 쇤버그는 작사가 알랑 부블리와 레미제라블과 '미스사이공'을 만들어냈다. 두 작품은 모두 음악이 없는 대사는 존재하지 않으며, 작품의 시작부터 끝까지 노래로 구성되며 레치타티보와 아리오조를 정식노래와 교차하였다. 어렵고 무거운 클래식의 느낌보다는 대중들이 친숙하게 다가갈 수 있는 팝 스타일을 접목시켜 한 작품 속의 여러 곡이 대중들의 큰 사랑을 받고 있다.

쇤버그의 작품

레미제라블(1985), 미스사이공(1989), 프랑스 혁명(1973), 마텡 게어(1996)

해적 여왕(2006), 마거리트 (2008), 폭풍의 언덕(2001, 발레곡)

⑸ 영국 뮤지컬

영국은 뮤지컬 발전에 큰 기여를 하였으며, 1980년대에 영국 뮤지컬 제작자 카메론 매킨토시에 의해 주요 작품들을 제작하면서 큰 성공을 이루었다. 오늘날 세계 4대 뮤지컬이라 하는 4개의 작품이 바로 매킨토시에 의해 제작되었다. 매킨토시는 영국의 작곡가 앤드류 로이드 웨버에게 캐츠와 오페라의 유령을, 프랑스의 작곡가 미쉘 쇤버그에게는 미스사이공과 레미제라블을 의뢰하였다.

영국의 앤드류 로이드 웨버는 현대 뮤지컬을 대표하는 작곡가이며 오페라, 팝, 록에 이르기까지 다양한 장르의 뮤지컬을 흥행시킨 작곡가이다. 위작품들의 성공으로 미국의 브로드웨이처럼 영국의 웨스트엔드라는 극장 지역은 새로운 메카로 떠오르고, 브로드웨이로 역수출을 하였다. 매킨토시의 작품들은 대자본과 작품 규모에 상응하는 대형 뮤지컬로 Mega와 Musical이 합성된 메가 뮤지컬이라 불린다. 할리우드 영화처럼 스펙터클한 무대와 작품 구현 장치, 음악, 의상, 조명 등 화려한 볼거리와 감동을 제공함으로써 흥행을 이루었다.

초연 공연을 기준으로 미스사이공에서 미군이 철수 할 때 등장하는 실제 헬기, 그리고 레미제라블의 바리케이드와 회전무대는 관중을 압도한다. 캐츠에서는 극중 다시 환생할 고양이로 뽑힌 그리자벨라가 거대한 타이어를 타고 헤비사이드레이어로 올라간다. 오페라의 유령에서는 무대 위를 유유히 흘러가는 배와 화려한 가면무도회, 천장에서 거대한 샹들리에가 바닥으로 떨어지는 화려한 장면을 연출한다. 이러한 작품들의 음악 또한 클래식악기와 전자악기가 동시에 연주되며 시각적으로 청각적으로 화려함과 웅장함을 자랑한다. 그러나 초연한지 30년이 지난 작품들의 경우 새로운 연출팀이 시대에 맞춰 약간씩의 변화를 시도하기 때문에 초연의 무대, 음악, 의상, 분장 등의 요소가 절대 적인 것은 아니다.

영국과 미국의 뮤지컬은 비슷한 듯 하지만 흥행에서 다른 기록을 보이기도 한다. 동시에 흥행을 하기도 하지만 인도 젊은이들의 사랑을 그린 봄베이 드림(2002)과 영국의 유명 가수 보이조이를 소재로 한 작품 타부(2002)의 경우 영국에서는 흥행을 하였지만 미국에서는 큰 성공을 거두지 못하였다.

세계 4대 뮤지컬 캐츠(1981), 오페라의 유령(1986), 레미제라블(1985), 미스사이공(1989) 이후 세계적으로 대부분의 대형극장 뮤지컬은 대형 자본과 다양한 볼거리를 제공하는 메가 뮤지컬 형태로 제작되고 있다. 그 외, 런던 출신의 제작자 케빈 월레스가 캐나다 극장주와 공동 제작한 뮤지컬 반지의 제왕(Lord of the Rings, 토론토, 2006-런던, 2007, 총 3막)은 태양의 서커스를 방불케 하는 무대장치와 기술을 선보인다. 또한 오페라의 유령의 후속작으로 제작된 러브 네버 다이즈(2010) 등이 있다.

(6) 미국 뮤지컬

　　미국의 뮤지컬은 다양한 콘텐츠를 뮤지컬화하여 상업적 성공을 도모한다. 그 중 디즈니 뮤지컬은 만화와 영화로 이미 친숙한 대중에게 무대예술로 다시 한 번 다가감으로써 장르적 친숙함이 대중화에 큰 역할을 하였다. 1980년대 영국의 메가 뮤지컬의 흥행으로 미국의 명성이 잠시 제자리걸음을 하는 듯 했으나 디즈니사의 뮤지컬은 남녀노소 누구나 즐기고 공감 할 수 있는 내용으로 본격적인 제작을 시작하였다. 디즈니 뮤지컬은 대사 장면과 노래 및 춤 장면을 교대하는 방식을 취한다. 재미와 흥미를 유발하는 대사 장면과 노래, 춤이 적절히 교차하여 구성된 작품들은 관객의 대중적 관심을 유발하기 충분한 조건을 갖추고 있다. 또한 미국 단독 제작이 아닌 영국과의 합작을 통한 제작 방식과 다양한 제작 방식을 택하기도 한다. 디즈니 만화 영화 외에도 일반 영화에서 차용한 마틸다, 스쿨 오브 락, 킹키 부츠, 칼라 퍼플 등 다양한 뮤지컬들이 제작되어 큰 인기를 끌고 있다.

대표작품

신데렐라(1958), 미녀와 야수(1994), 라이온킹(1997), 노틀담의 꼽추(The Hunchback of Notre-Dame, 1999), 아이다(2000), 위키드(2003), 메리포핀스(2004), 타잔(2006), 하이스쿨뮤지컬(2006), 인어공주(2008), 스파이더 맨(Spider-Man: Turn Off the Dark, 2011), 뉴시즈(2012), 알라딘(2014)

(7) 프랑스 뮤지컬

프랑스 뮤지컬은 웅장하고 화려한 무대장치와 화려하고 아름다운 조명, 예술적인 안무 등 여러 가지 요소를 담고 있다. 프랑스 뮤지컬은 드라마의 흐름보다는 그 것을 표현하는 장면 자체를 스펙터클한 노래장면이나 춤으로 승화하며 표현한다. 따라서 극의 흐름에 있어 통합 뮤지컬의 특징인 선형성이 약해질 수도 있지만, 그 자체의 콘셉트를 나타내는 것이 큰 특징이라 할 수 있다. 작품에 따라 다양한 춤을 선보이며 동시에 철학적인 내용을 담고 있기 때문에 콘셉트 뮤지컬의 요소를 내포한다.

또한 뮤지컬 배우라는 개념보다는 싱어와 댄서의 개념으로 나누어 캐스팅하는 독특한 방식을 채택하고 있으며, 보다 높은 완성도를 위해 라이브 반주가 아닌 제작된 반주 음원을 사용한다. 대게의 경우 노트르담 드 파리, 로미오와 줄리엣, 돈 주앙처럼 레치타티보나 아리오조를 최소화하고 노래로만 구성하는 초기 형태의 성스루(Sung-Through) 형식이거나 극의 흐름에 필요한 짧은 대사 장면을 포함시키는 절충형 성스루(Sung-Through) 형식을 띠는 경우(태양왕, 클레오파트라)가 있다.

대표작품

레미제라블(1985), 벽을 뚫는 남자(1996), 노트르담 드 파리(1998), 십계(2000)

로미오와 줄리엣(2001), 챈스(2001), 바람과 함께 사라지다(2004), 돈 주앙(2005)

태양왕(2005), 클레오파트라(2009)

(8) 동유럽 뮤지컬

2000년대 들어 미국, 영국, 프랑스 뮤지컬에 이어 큰 흐름은 동유럽 뮤지컬의 대두이다. 특히 작곡가 실베스터 르베이와 작사가 미하일 쿤체 콤비의 작품들은 한국에서 큰 성공을 거두었다. 르베이는 유고슬라비아(현 세르비아) 태생이자 헝가리인으로 1960년대 초에 독일로 건너가 지휘, 작곡 등 여러 음악활동을 하던 중 작사가 미하엘 쿤체와 만난다. 르베이는 1980년대에 미국에서 영화음악 작곡가로도 유명세를 떨쳤으며, 1990년대에 미하엘 쿤체와 뮤지컬 작품 창작에 몰두하였다.

작사가 미하엘 쿤체는 독일의 작곡가이자 뮤지컬 작사가이며, 그의 드라마틱한 뮤지컬은 큰 감동을 불러일으킨다. 국내에 소개된 작품은 아니지만 첫 뮤지컬 작품 마녀(Hexen Hexen,1990)의 성공적 데뷔를 한 후, 두 번째 작품으로 엘리자벳(1992), 이후 모차르트(1999), 레베카(2006), 마리 앙투아네트(2006) 등을 발표하였다. 가장 큰 특징은 대본, 스토리, 가사와의 연계성을 가장 중요시 한다는 것이다.

이들의 작품은 록, 팝, 클래식한 음악이 잘 조화된 형태로 작곡되어 감동을 자아낸다. 바그너와 손드하임의 작품이 그러하듯 주도 동기(leitmotif) 반복을 통해 음악적, 내용적 통일성을 유지한다.

그 외 미국의 작곡가 프랭크 와일드혼이 국내 제작진과 함께 유럽 소재로 만든 마타하리(2016) 등이 있다.

작곡가 실베스터 르베이(Sylvester Levay,1945-)

작사가 미하일 쿤체(Michael Kunze, 1943-)

(9) 장르별 뮤지컬

– 음악 장르의 다양성 : 재즈, R&B, 힙합, 랩

헤어스프레이, 드림걸스, 인더하이츠, 해밀턴

– 주크박스 뮤지컬

올슉업, 맘마미아, 저지 보이스, 위윌 록 유, 토요일 밤의 열기, 프리실라, 제나두,

뷰티풀, 케롤 킹, 트립 오브 러브

– 넌버벌 뮤지컬

난타, 점프, 델 라 구아르다, 스톰프, 블루맨 그룹, 푸에르타 부르자

– 패러디 뮤지컬

스팸 얼랏, 위키드, 어쌔신

– 영화의 뮤지컬화

반지의 제왕, 스파이더 맨, 찰리와 초콜릿 공장, 타잔, 마틸다, 스쿨 오브 록,
웨이트리스, 킹키부츠, 뉴시즈, 웨딩싱어, 사원의 불빛 등

– 댄스뮤지컬

시카고, 빌리 엘리엇, 콘택트, 온 유어 핏 등

알기 쉬운
뮤지컬
가창 실기

Chapter 2

음악 이론

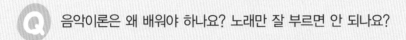

Q 음악이론은 왜 배워야 하나요? 노래만 잘 부르면 안 되나요?

A 배우가 연기를 하기 위해서는 대본을 읽고 분석을 해야 하듯이
노래를 부르기 전에도 악보를 읽고 의도를 파악해야 해요.
함께 음악 이론 공부 시작해 볼까요?

1. 오선과 음이름

오선은 다섯 줄의 수평한 선과 네 개의 공간으로 구성되어진다.

음정(Pitches)은 도, 레, 미, 파, 솔, 라, 시, 도

첫 알파벳부터 일곱 번째 알파벳까지 쓰인다.

즉, 도=C, 레=D, 미=E, 파=F, 솔=G, 라=A, 시=B, 도=C

우리말 이름은 도(다), 레(라), 미(마), 파(바), 솔(사), 라(가), 시(나), 도(다),

다 라 마 바 사 가 나 다 이다.

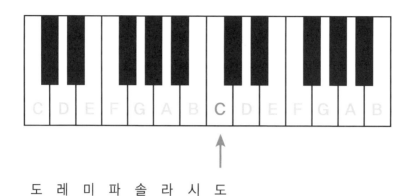

도 레 미 파 솔 라 시 도

음 자리표(Clef)는 오선의 제일 처음에 위치하며 음자리표의 이름을 결정한다. 주요 음자리표로는 '높은 음 자리표(Treble)' 와 '낮은 음 자리표(Bass)' 가 있다.

높은 음 자리표는 도=C로 읽는다.

낮은 음 자리표는 밑에서 두 번째 칸, 높은 음 자리표에서 '라=A' 였던 음정이 '도=C' 가 된다.

높은 음 자리표와 낮은 음 자리표를 상단, 하단으로 연결하여 쓸 수 있으며 왼쪽 끝에 수직선으로 두 개의 오선을 연결하여 그려준다.

상단

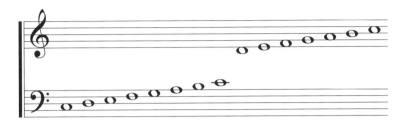

하단

오선 밖의 음정은 오선 위아래로 임의로 선(Ledger Lines)을 더하여 음정을 표기

할 수 있도록 한다. 한 선당 한 개의 음정을 표시한다.

2. 음악 기호

1) 샵, 플랫, 내츄럴

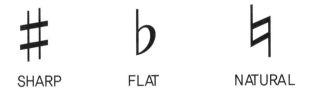

샵 ♯ – 반음을 올린다

플랫 ♭ – 반음을 내린다

내츄럴 ♮ – 제자리로 돌아온다

음이름은 아래의 건반 그림처럼 검은 건반의 경우 같은 건반이지만 다른 음이름으로 부를 수 있다.

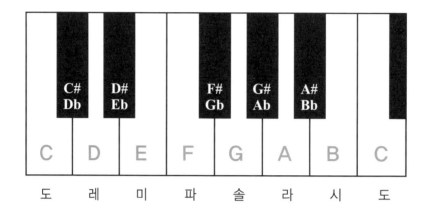

예를 들어 C를 기준으로 반음이 올라가면 C♯이 되고, 같은 건반이지만, D를 기준으로 보았을 때 반음이 내려간 검은 건반은 D♭이 된다.

2) 겹 올림표와 겹 내림표

겹 올림표-더블 샵(Double Sharp)과 겹 내림표-더블 플랫(Double Flat)

:겹 올림표와 겹 내림표는 조표(Key Signature)에 영향을 주지 않고 정해진 마디 안에서 임시표(Accidental)로 사용된다.

하지만 다음 마디 음에 붙임줄로 연결되어 있으면 붙임줄이 있는 음정에도 임시표가 허용된다.

겹 임시표는 ♯과 ♭의 개수가 많은 조성에서 많이 쓰인다.

겹 올림표-더블 샵(Double Sharp)

음의 높이를 온음(반음+반음) 올리는 위치를 나타내는 기호이다.

'겹 올림표-더블 샵' 의 경우 샵을 두 번 표기하지 않고 아래 그림과 같이 다른 기호를 사용한다.

Double Sharp

Double Flat

겹 올림표-더블 샵

겹 내림표 - 더블 플랫

겹 올림표가 사용되는 경우,

이미 올림표가 붙어있는 조표의 음을 반음 올릴 때

예)

올림 바장조(F♯ Major)의 으뜸음(계이름으로 '도')인 F♯은 이미 올림표(♯)가 붙어 있는 음이다. 따라서 이음을 반음 올릴 때에는 올림표(♯)를 한 번 더 표기하기보다는 올림표에 반음 더 올라간 겹 올림표로 표기를 해야 혼동이 되지 않는다. 실제로는 F♯에서 반음이 더 올라간 G(솔)음정을 말한다.

이미 올라간 임시 변화음을 반음 더 올릴 때 사용한다.

겹 내림표-더블 플랫(Double Flat)

플랫은 반음을 내린다는 의미이며 플랫이 두 개인 경우 반음을 두 번 내리는 것으로 온음(반음+반음)이 내려가게 된다.

예) E - E♭ - F

      ↑   ↑

      ♭   ♭

겹 내림표-더블 플랫의 경우는 겹 올림표-더블 샵과는 달리 플랫 두 개를 붙여서 표기한다.

겹 올림표와 같이 이미 내림표가 붙어있는 조표의 음을 반음 내릴 때 주로 사용한다.

3. 조표의 구분

악보를 보면 곡 제일 첫 마리에 그 악의 조성을 나타내는 기호인 조표가 있다. 조표의 이름은 장조(Major)와 단조(minor)로 나뉘며 장조(Major)는 대체적으로 밝은 느낌이 드는 멜로디로 표현되고 단조(minor)는 어둡고 슬픈 느낌의 곡이라 할 수 있다.

장조와 단조의 구분은 샵(#, Sharp)과 플랫(♭, Flat)이 붙는 순서와 개수에 따라 이름이 바뀐다. 샵(#, Sharp)과 플랫(♭, Flat)이 같은 개수라도 끝나는 음정에 따라 장조가 되기도 하고 단조가 되기도 한다.

또한 각 조성은 장조와 단조를 갖게 되는데 '나란한조' 라고 한다.

조표가 붙는 순서

샵: 파-도-솔-레-라-미-시

플랫: 시-미-라-레-솔-도-파

Key Sig.	Major Key	Minor Key	Key Sig.	Major Key	Minor Key
1 sharp	G major	E minor	no sharps or flats	C major	A minor
2 sharps	D major	B minor	1 flat	F major	D minor
3 sharps	A major	F♯ minor	2 flats	B♭ major	G minor
4 sharps	E major	C♯ minor	3 flats	E♭ major	C minor
5 sharps	B major	G♯ minor	4 flats	A♭ major	F minor
6 sharps	F♯ major	D♯ minor	5 flats	D♭ major	B♭ minor
7 sharps	C♯ major	A♯ minor	6 flats	G♭ major	E♭ minor
			7 flats	C♭ major	A♭ minor

1) 샵(#)의 조표 읽는 방법

샵(#)의 경우 샵이 붙는 음 바로 위의 음정이 으뜸음이다. 으뜸음은 곡의 조를 시작하는 첫 음을 말한다.

예를 들어 파에 샵이 있는 경우 '파' 다음 음정인 '솔' 이 으뜸음이 되므로 G Major 또는 사장조로 읽을 수 있다. 샵이 세 개 있는 '파도솔' 의 경우 마지막 솔의 다음 음정인 '라' 가 으뜸음이 되므로 가장조 또는 A Major 또는 라장조로 읽는다.

Q 조표는 같은데 어떤 경우에 장조가 되고 어떤 경우에 단조가 되나요?

A 한 조마다 각각 장조와 단조 두 개의 이름이 있습니다. 그 이름은 곡이 끝나는 마지막 음정에 따라 결정됩니다.

예를 들어, 조표에 샵이 한 개인 경우의 조표 이름을 알아봅시다.

으뜸음을 G(솔)로 보았을 때 노래의 시작과 끝이 '솔' 로 시작해서 '솔' 로 끝이 나면 G Major 사장조 (솔)가 되며, 첫 음이 '솔' 로 시작했지만 끝 음이 3도 내려간 '미' 가 되면 E minor 마단조 (미) 가 됩니다.

하지만 장조 중간에 조 옮김이 여러 번 반복되면 끝 음으로 단조 으뜸을 찾기 어렵습니다.

다음으로 단조에서 장조로 바뀌는 경우는 해당 단조의 으뜸음에서 3도 올라간 음이 으뜸음이 되어 장조를 찾을 수 있습니다.

2) 샵(#)이 붙는 순서에 따른 장조, 단조의 이름

샵이 아무것도 없을 때 : 다장조(도), 가단조(라)

: G Major 사장조(솔), E minor 마단조(미)

: D Major 라장조(레), B minor 나단조(시)

: A Major 가장조(라), minor 올림 바단조(파#)

: E Major 마장조(미), C# minor 올림 다단조(도#)

: B Major 나장조(시), G# minor 올림 사단조(솔#)

: F# Major 올림 바장조(파#),

D# minor 올림 라단조(레#)

3) 플랫(♭)의 조표 읽는 방법

플랫(♭)의 경우는 플랫이 붙은 음정을 포함하여 아래로 온음 4음정을 내려간 음정을 으뜸음으로 읽는다. 또는 마지막 조표의 바로 직전 조표가 붙은 음정이 으뜸음이 된다. 예를 들면 처음 플랫이 시작되고 플랫이 하나 붙은 시 플랫의 경우 시부터 밑으로 음정을 4개 내려간(시 → 라 → 솔 → 파) 파가 으뜸음으로 F Major 또는 바장조가 된다. 플랫이 세 개인 '시미라'의 경우 마지막 음인 라부터 아래로 4음정이 내려간 (라 → 솔 → 파 → 미)의 '미' 가 으뜸음이 되며 E♭ Major, 또는 내림 마장조라고 읽는다.

4) 플랫(♭)이 붙는 순서에 따른 장조, 단조의 이름

♭ : F Major 바장조(파), D minor 라단조(레)

♭♭ : B♭ Major 내림 나장조(시♭), G minor 사단조(솔)

♭♭♭ : E♭ Major 내림 마장조(미♭), C minor 다단조(도)

♭♭♭♭ : A♭ Major 내림 가장조(라♭), F minor 바단조(파)

♭ ♭ ♭ ♭ ♭ : D♭ Major 내림 라장조(레♭),

　　　　　B♭ minor 내림 나단조(시♭)

♭ ♭ ♭ ♭ ♭ ♭ : G♭ Major 내림 사장조(솔♭),

　　　　　E♭ minor 내림 마단조(미♭)

그림에서 볼 수 있는 영어 대문자는 장조이며 소문자는 단조를 표기한 것이다.

아래 그림은 장조와 단조를 함께 그린 것으로 간단한 규칙을 파악하면 쉽게 공부할

수 있다.

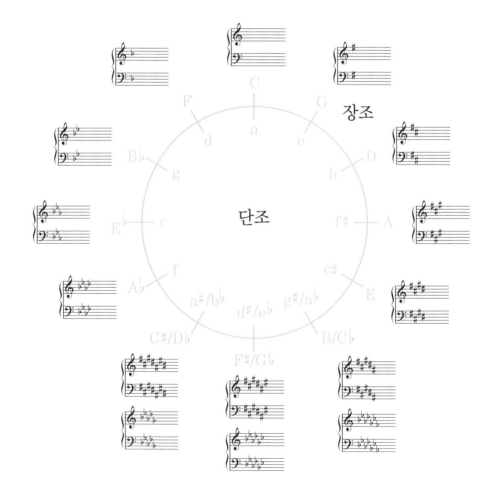

4. 박자(Meter)

음악적 시간을 구성하는 기본 단위. 일정수의 박(拍 ; beat)을 그 내용으로 하며, 이 박들은 각각 동등하지 않고, 악센트 등이 주어지는 박이 있기 때문에 박자를 인식할 수 있다. 마디와 일치하는 것이 통례이며, 리듬의 골격을 이룬다.

분수 밑의 분모는 음표의 이름, 분자는 박자 수, 즉 한 마디 안에 들어가는 음표수를 말한다.

박자의 분류

1) 홑, 단순 박자(Simple Meter)

모든 박자의 기초가 되는 것으로서 2박자 · 3박자 · 4박자가 있다. 4박자는 겹박자로 분류하는 것이 보다 정확하지만 실제적으로 단순하고 분류상 편리하므로 홑박자로 다루는 것이 통례이다.

2) 겹박자, 복합박자(Compound Meter)

2박자 또는 3박자가 제각기 2개 이상 겹친 것으로 생각하는 것이 일반적이나, 본래는 홑박자였던 박자의 각 박이 제각기 3개의 소단위로 나누어진 박자라고 생각할 수도 있다. 6박자·9박자·12박자가 여기에 속한다.

3) 뮤지컬에 사용되는 실용음악 리듬

현대 뮤지컬의 음악은 뮤지컬 클래식뿐만 아니라 팝, 록을 넘어 재즈, 리듬 앤 블루스(Rhythm and Blues 또는 R&B), 힙합, 랩(Rap)에 이르기까지 다양한 장르로 작곡되고 있다.

뮤지컬 헤어스프레이와 드림걸즈는 음악을 통해 인물을 더욱 구체화하고 시대를 부각시키기 위해 재즈, 리듬 앤 블루스 스타일의 음악으로 작곡되었다. 따라서 배우가 극중 역할을 소화하기 위해서는 다양한 창법과 테크닉을 구사하여야 한다. 헤어스프레이의 예를 들면 극중 흑인 씨위드(Seaweed)가 부르는 'Run and Tell That'의 마지막 부분은 블루스 스케일, 백인 코니 콜린스가 부른 'Hairspray' 외 다수의 곡이 스윙(Swing) 리듬으로 표기되었다.

1999년 대학 인큐베이팅 작품으로 제작된 뮤지컬 인더하이츠(In the Heights)는

2009년 브로드웨이 대극장에서 공연되고 토니 어워즈(Tony Awards)를 휩쓸었다. 인더하이츠의 음악은 라틴음악, 힙합과 랩이 사용된 작품으로 가사와 음악을 작곡한 린-마뉴엘 미란다(Lin-Manuel Miranda)가 내레이터로서 직접 랩을 하며 작품을 진행한다. 그는 뮤지컬 해밀턴(Hamilton, 2015)에서 대본, 작사, 작곡, 출연까지 하며 작품을 브로드웨이에 입성시켰다. 뮤지컬 해밀턴은 2016, 2017년까지 매진을 갱신하며 뮤지컬 역사에 남을 메가 히트를 기록하고 있다. 이 작품에서 인물들은 힙합 음악과 랩을 능숙히 구사하며 극을 이끌어 간다.

이번 챕터를 통해 다양한 리듬을 연습하여 다양한 장르의 노래를 부를 수 있도록 한다.

4박자 변형

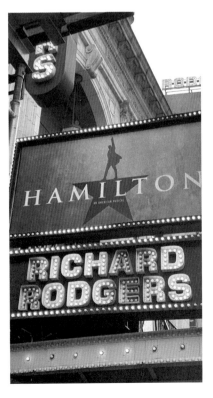

기본 음형과 잇단 음표 변형

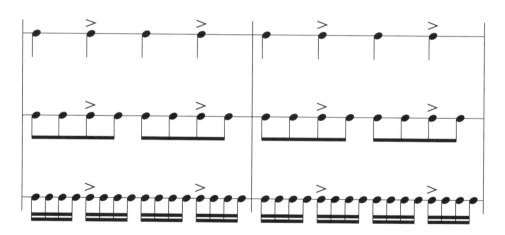

알기 쉬운
뮤 지 컬
가창 실기

악센트 연습

싱코페이션(Syncopation), 당김음

곡 중간에 강박과 약박의 위치가 어떤 방법에 의해 고의적으로 변화된 상태이다.

예를 들어 붙임줄에 의해서 뒤 음정이 앞 음정에 연결되어 길게 끌 때, 약박이 강박

보다 길어진다. 이런 경우 약박에 악센트가 주어지며 그 음정이 강박이 된다.

또는 첫 박자에 쉼표가 있으면 다음에 오는 음표가 강박이 된다.

sf(스포르짠도) 등의 부호가 붙으면 세게 연주한다.

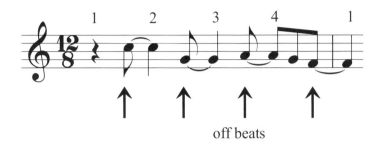

off beats

스윙(Swing)

뮤지컬 악보에서 스윙은 악보 상단에 Swing 이라고 표기되며 악보 표기는 8분 음표로 되어 있지만, 통상적으로 아래의 리듬으로 변형하여 불러야 한다. 또한 기본적으로 약박이 강세가 된다. 셔플과 혼동하지 않도록 한다.

스윙의 구분을 아래의 한 박을 기준으로 앞의 8분 음표두개를 묶고 나머지 한 개를 떨어뜨렸을 때 2:1의 비율로 나누고 강세는 뒤의 약박에 둔다.

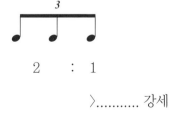

2 : 1

〉.......... 강세

스윙 리듬과 악센트

약박에 오는 악센트

스윙 연습

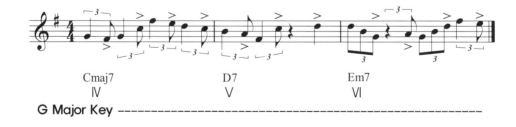

셔플(Shuffle)

붓점으로 연주하며 앞의 박자가 강조된다.

16분 음표로 나누었을 때 16분 음표 3개: 나머지 1개로 나눈 박자만큼 연주한다.

3   : 1

싱코페이션과 변형

리듬 연습 1

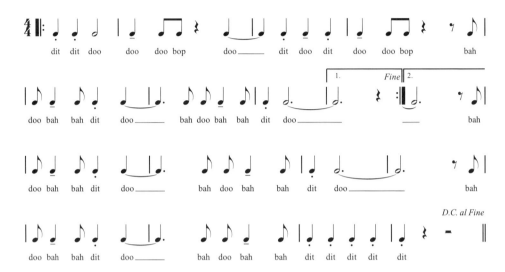

알기 쉬운
뮤 지 컬
가창 실기

리듬 연습 2

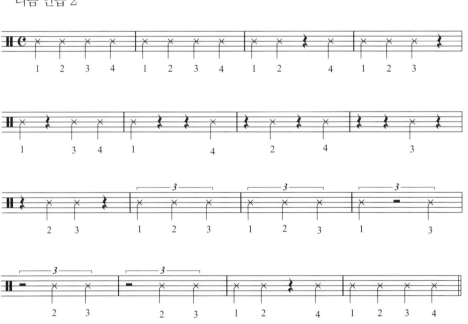

4) 뮤지컬에 사용되는 실용음악 스케일

펜타토닉 스케일(Pentatonic Scale)

펜타토닉 스케일의 정의는 5음 음계.

" '파퓰러 음악 용어 사전'에 의한 용어의 정의를 살펴보면 펜타토닉 스케일은 다섯 개의 음으로 구성된 스케일을 가리키며, 오래 전부터 각국의 민요 등 기초를 이루고 있다. 대표적인 것으로는 스코틀랜드 음계를 들 수 있고, 반음 부분을 포함하지 않는 메이저 스케일이라는 것이 특징이다. 이 스케일을 음정 간격을 그대로 두고 토닉(으뜸음)을 제외한 음부터 다시 재배열하면 다른 펜타토닉 스케일이 네 종류 생긴다. 이 중에서 다섯번째의 스케일은 블루 노트(블루스) 펜타토닉 스케일이라고 하며, 블루스 또는 블루스풍의 리프 또는 프레이즈의 기초가 된다. 블루스, 또는 블루스 필링을 통한 리프, 또는 프레이즈의 기반이 되는 스케일(음계)을 말한다. 블루스의 특징은 블루 노트의 존재로 이들 블루 노트가 들어있는 블루 노트(블루스) 펜타토닉 스케일이 블루스 스케일의 원형이 된다."

블루스 스케일(Blues Scale)

다만 이 스케일에는 감 5도의 블루 노트가 들어있지 않고 이것을 보정하여 모든 블루 노트를 집어넣으면 아래와 같이 된다.

정리해보면 펜타토닉 스케일은 메이저 펜타토닉, 마이너 펜타토닉이 있으며, 블루스 스케일은 마이너 펜타토닉에서 b5음이 추가되고 전체적으로 b3, b5, b7이 된다. 이를 블루노트라 하는데 블루스 스케일의 가장 큰 특징이다.

C blues scale

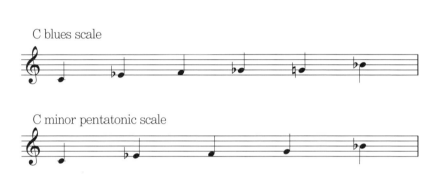

C minor pentatonic scale

스케일 연습

5. 지휘와 박자 젓기

오케스트라, 합창, 관현악, 뮤지컬 공연에서 공연을 하는 연주자에게 곡의 박자나 셈여림, 속도 등을 지휘자의 지휘를 통해 지시하여 음악이 연주된다. 특히 뮤지컬 공연이 라이브 오케스트라로 연주될 경우 지휘자의 지휘와 오케스트라의 박자에 맞추어 노래를 불러야 하기 하므로 박자 젓기 모양을 알아두는 것은 유용하다.

하지만 지휘의 모양은 절대적이지 않으며 지휘자의 움직임에 따라 지휘의 모양은 조금씩 다를 수 있다. 우선 기본적인 지휘 패턴에 대해 알아보자.

지휘의 역할:

곡을 시작하기 전 1박의 예비박을 주어 곡의 시작과 끝을 알려준다.

곡의 빠르기를 지정하여 박자를 맞춘다.

곡의 셈여림들 악상기호를 나타내어 곡을 조화롭게 만든다.

왼손과 오른손은 따로 움직이며 왼손은 악상기호를 나타내기 위해 많이 사용된다.

박자 젓기

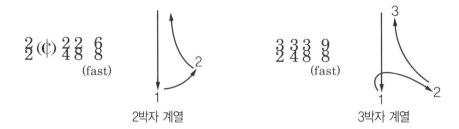

2박자 계열   3박자 계열

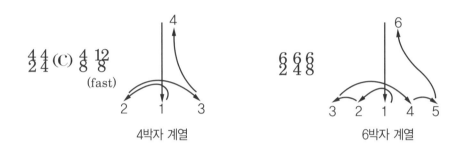

4박자 계열   6박자 계열

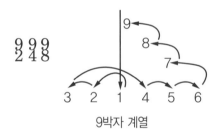

9박자 계열

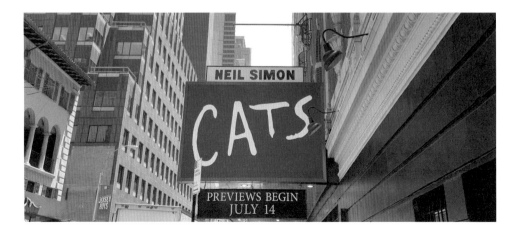

6. 음표 이름

음표의 부분 이름

기둥 점 꼬리

머리

음표의 종류

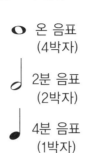

온 음표
(4박자)

2분 음표
(2박자)

4분 음표
(1박자)

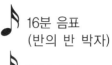

8분 음표
(반 박자)

16분 음표
(반의 반 박자)

32분 음표

64분 음표

쉼표의 종류

⊏ 온 쉼표

⊏ 2분 쉼표

𝄽 4분 쉼표

𝄾 8분 쉼표

𝄿 16분 쉼표

𝅀 32분 쉼표

𝅁 64분 쉼표

𝅂 128분 쉼표

점음표와 점쉼표

𝅝. 점 온음표   𝅝 + 𝅗𝅥

𝅗𝅥. 점 2분음표   𝅗𝅥 + 𝅘𝅥

𝅘𝅥. 점 4분음표   𝅘𝅥 + 𝅘𝅥𝅮

𝅘𝅥𝅮. 점 8분음표   𝅘𝅥𝅮 + 𝅘𝅥𝅯

𝅘𝅥𝅯. 점 16분음표   𝅘𝅥𝅯 + 𝅘𝅥𝅰

𝅘𝅥𝅰. 점 32분음표   𝅘𝅥𝅰 + 𝅘𝅥𝅱

⊏. 점 온쉼표   ⊏ + ⊏

⊏. 점 2분쉼표   ⊏ + 𝄽

𝄽. 점 4분쉼표   𝄽 + 𝄾

𝄾. 점 8분쉼표   𝄾 + 𝄿

𝄿. 점 16분쉼표   𝄿 + 𝅀

𝅀. 점 32분쉼표   𝅀 + 𝅁

7. 음악 용어

기초 악상 기호

기호	용어	설명
⌢	늘임표 (fermata)	겹세로줄 위에 있을 때에는 마침표가 되나, 음표의 머리 위나 아래에 있을 때에는 그 음표를 2배 이상의 박으로 연주하는 늘임표가 된다.
마침표 기호	마침표 (pause)	음표의 머리 위나 아래에 있을 때에는 늘임표가 되나, 겹세로줄 위에 있을 때에는 그 곡을 끝내는 마침표가 된다.
:‖	도돌이표 (repeat)	처음으로 되돌아가 한 번 더 연주한다.
‖: :‖	도돌이표 (repeat)	도돌이표 안을 한 번 더 연주한다.
1. 2. 기호		도돌이하여 두 번째 연주 시에는 1. 을 빼고, 2. 로 건너서 연주한다.
D.C.	다 카포 (da capo)	처음부터 다시 연주하여 fine 또는 마침표 까지 연주하고 마친다.
Fine	피네 (fine)	곡을 마치는 끝표가 된다.
F.O.	페이드 아웃 (fade out)	여러 번 반복하면서 점차적으로 소리를 사라지게 연주한다.
˙	스타카토 (staccato)	음과 음 사이를 끊어서 연주한다.
>	액센트 (accent)	세게 연주한다.
‿	붙임줄 (tie)	높이가 같은 2개 이상의 음을 하나로 붙여 연주한다. 〈예〉 악보 기호
3 기호	셋잇단음표 (triplet)	2등분 할 음표를 3등분하여 연주한다. 〈예〉 악보 기호
rit.	리타르단도 (ritardando)	점점 느리게 연주한다.
rall.	랄렌탄도 (rallentanto)	점점 느리게 연주한다.

음악용어 빠르기

느림

↑

Lento, Largo	Very Slow	매우 느리게
Adagio	Slow	느리고 침착하게
Andante	Moderately Slow	느리게
Andantino	–	조금 느리게
Moderato	Moderately	보통 빠르게
Allegretto	–	조금 빠르게
Allegro	Medium Fast	빠르게
Vivace	Fast	빠르고 경쾌하게
Presto	Very Fast	매우 빠르게

↓

빠름

셈여림

PP	피아니시모	매우 여리게
p	피아노	여리게
mp	메조피아노	조금 여리게
mf	메조포르테	조금 세게
f	포르테	세게
ff	포르티시모	매우 세게

알기 쉬운

뮤지컬

가창 실기

Chapter 3

뮤지컬 가창 실기 연습

이제 어려운 음악 이론은 다 공부했어요!

노래 부를 준비를 해 봅시다~

1. 장소와 시간

연습할 장소는 자신이 가장 편한 곳을 찾되 시끄럽지 않고 조용한 장소를 찾는다. 자신의 소리를 집중해서 들을 수 있는 곳이 좋으며 모든 감각이 깨어 있는 저녁 시간도 좋지만 아침 시간에 스트레칭을 통해 몸을 깨우고 노래할 상태를 만든 후에 발성 연습을 하도록 한다. 아침 연습 습관을 기른다면 오디션이나 공연이 오전에 있다 하더라도 몸과 목 근육이 익숙해지기 때문에 부담이 덜 될 수 있고 자신감이 생길 수 있다. 하지만 초보자의 경우 아침 연습을 무리하게 강행하기보다는 자신의 상태에 맞게 진행하는 것이 옳으며, 연습을 하지 않는 것보단 하루에 30분이라도 편한 시간에 꾸준히 매일 하는 것이 좋다.

2. 근육의 이완

노래 연습을 하기 전에 충분히 몸과 얼굴 근육을 이완시키고 하는 것이 좋으며 얼굴 근육이나 목 등의 비교적 잘 쓰지 않는 작은 근육을 긴장을 풀어주는 운동을 한다.

a. 움직일 수 있는 충분한 공간을 확보하고 다리는 어깨 넓이로 벌린 후 편안한 자세로 선다. 호흡을 들이쉴 때 양손을 천천히 들며 위로 올리고 내쉴 때 천천히 내린다.

손가락, 팔목, 팔꿈치, 어깨 모두 이완시키며 동작을 하며 양 팔이 멀리 가도록 뻗는다.

b. 긴 호흡을 하며 왼쪽과 오른쪽 팔과 다리를 각각 흔들어 털어낸다.

c. 목과 상체를 순차적으로 오른쪽에서 왼쪽, 왼쪽에서 오른쪽으로 번갈아 가며 돌린다.

d. 상반신을 굽혀 내려가는 동작으로 머리부터 천천히 몸 안 쪽으로 말아 넣는 기분으로 내려간다. 머리, 목, 어깨 등 척추의 순서로 척추 관절을 하나씩 구부리듯 내려가며 양팔은 마루를 향하게 하고 떨어뜨린다. 바닥 쪽을 덜어드린 양 팔을 스윙하듯 흔들며 긴장을 푼다. 이때 들이마셨던 호흡도 동시에 '후' 하고 내뱉는다.

e. 허리, 팔, 손가락을 모두 이완시켜 자세를 유지하고 심호흡을 하며 목의 이완을 유지하며 다시 척추, 등, 어깨, 목, 머리 순으로 척추를 천천히 펴며 올라온다. 이 운동의 목적은 척추와 복부의 근육을 풀고 목의 이완과 긴장의 차이점을 인식하도록 하는 것이며 다시 한 번 더 반복하며 목뒤와 등, 척추의 이완을 느껴본다.

f. 스트레칭 후에는 머리 위 50cm 상공에 긴 줄이 있다고 가정하고 온 몸을 바짝 움츠렸다가 하늘을 향해 점프 하며 온 몸을 펴서 양 팔로 줄을 잡아 보는 동작으로 마무리한다.

항상 '스트레칭 – 발성 – 노래' 순서로 연습하는 습관을 기르도록 한다.

a   b   c

d   e   f

3. Grace Method − The Five Steps

배우에게 호흡과 발성 연습을 꾸준히 하는 것은 무용가가 매일 몸을 움직이며 근육을 단련시키는 것처럼 중요한 일과이다. 특히 노래하는 사람에게 자신의 신체는 곧 악기라고 말할 수 있다. 각각의 신체조건이 틀리듯 그 몸에서 나오는 소리 또한 다르다. 이러한 각자의 악기를 잘 이용하고 표현하기 위해서 좋은 음성으로 노래가 잘 나올 수 있는 신체구조를 만드는 것은 중요하다.

아래의 내용에서는 호흡하고 노래를 부르기 전에 연습하고 준비해야 할 다섯 가지 단계에 대해 설명하고자 한다. 호흡 연습을 하고 노래를 부르기 전에 이 다섯 가지 단계가 자연스럽게 동시에 이루어질 수 있도록 연습한다.

1) Step One

Make a Happy Face

숨을 마실 때 구강과 얼굴 근육의 위치를 만들어 준비해 둔다. 숨을 들이 쉴 때 얼굴은 인중위의 근육을 사선 위쪽으로 들어 올리는 느낌으로 한다. 이때 마치 살짝 미소를 뛴 얼굴 표정이 되는데 이는 얼굴만 웃는 표정이 되는 것이 중요 한 것이 아니라 입안 근육을 들어 올리는 것이 중요하다. 하지만 '슬픈 노래를 부를 때도 웃어야 하나요?'라는 질문을 듣게 되는데 얼굴을 정말 활짝 웃으라는 것이 아니라 노래를 할 수 있는 구조를 만들기 위해 준비를 해주는 것이다.

2) Step Two

Lift up your Soft Palate

입천장 들기

이때 입안을 혀는 아랫니 뒤에 자연스럽게 힘을 빼어 놓고 입안의 입천장(경구개, 연구개)을 모두 들어 올려 노래할 때 최대한 소리가 나가는 위치를 입술 위쪽으로 올려 시작할 수 있도록 한다.

3) Step Three

Open your Throat

목구멍 열기

많은 학생들이 노래할 때 소리가 작게 나오는 경우가 있다. 이 경우 호흡을 깊이 마시지 못하는 경우도 있지만 또 다른 이유는 목구멍을 제대로 열지 않고 노래를 한다는 것이다. 숨을 마실 때 목을 활짝 열어 호흡과 소리가 함께 섞여 나갈 수 있는 길을 만들어 준다.

4) Step Four

Open your Rib Cage

흉곽 열고 유지

복식 호흡을 할 때 물리적으로 아랫배만 볼록 내미는 것은 큰 의미가 없다. 들숨으로 횡격막이 내려가고 흉곽을 연 상태에서 호흡을 몸통 전체에 가득 담는 느낌으로 유지하며 천천히 호흡을 내뱉는다. 둥그런 튜브에 공기를 채우듯 갈비뼈와 허리, 등까지 둥그런 튜브가 있다고 상상하고 그 튜브를 전체적으로 부풀린다고 생각하면 이해가 될 것이다.

5) Step Five

Concentrate on your Center

몸의 중심에 집중하면서 호흡 유지

이제 호흡을 마셨으면 내 몸의 중심, 배꼽 및 3~5cm 경 단전 부분에 정신집중을 하고 양손 끝으로 단전 부분을 지그시 누른 상태에서 호흡을 유지하며 내뱉는다.

4. 호흡과 음성

학생들은 평소 말할 때는 자연스럽게 호흡을 하는데 노래를 하면 호흡이 잘 안 된다고 얘기한다. 그 이유 중 하나는 노래할 때 과도하게 배를 부풀려 힘을 주어 배 근육이 경직되기 때문인데 평소 자연스럽게 하던 호흡이 짧아지게 된다. 올바른 호흡 훈련을 통해 몸 근육이 자연스럽게 단련되어 소리를 잘 전달할 수 있게 해야 한다.

미국에서 뮤지컬 노래를 배울 때 또는 공연을 할 때 선생님들이나 배우들끼리 가장 많이 하는 소리는 Project라는 단어이다. 사전적 의미로는 '던지다, 발사하다, 방출하다' 란 뜻이 있는데 말 그대로 소리를 밖으로 꺼내어 내보내라는 뜻이다. 특히 뮤지컬 노래에 있어서 자신의 소리를 앞쪽으로 Project하는 것은 매우 중요하다. 배우가 노래를 하거나 연기를 할 때 음성을 잘 전달하면 연기에 더 집중할 수 있으며, 관객과도 잘 소통할 수 있다.

1) 복식 호흡 연습

a. 서서 연습하기: 몸을 이완시키고 다리를 어깨 넓이로 벌린 후 차렷 자세로 선다. 코와 입으로 함께 숨을 천천히 마시면서 숨을 끝까지 다 마셨으면 멈추어서 윗니로 아랫니를 맞닿게 다물고 그 사이로 '스–' 소리와 함께 숨을 천천히 내뱉는다. 숨을 들이쉴 때 얼굴 근육을 인중부터 광대뼈 부분까지 사선 위쪽으로 들어 올리는 느낌으로 한다. 이때 입안을 경구개와 연구개를 모두 들어 올려 노래할 때 최대한 소리가 나가는 위치를 입술 위쪽으로 올려 시작할 수 있도록 한다. 숨을 들이마실 때 구강과 얼굴 근육의 위치를 만들어 준비해 준다. 이때 마치 웃고 있는 얼굴 표정이 되는데 이는 광대뼈, 눈, 코 모두 열리는 느낌이지만 얼굴 피부만 웃는 표정이 중요한 것이 아니라 위에서도 언급했듯이 혀는 아랫니 뒤에 자연스럽게 힘을 빼고 놓으며 입안의 입천장(경구개, 연구개)을 들어 올리는 느낌이 들 수 있도록 해야 한다.

그림 2) 호흡할 때 얼굴 모양 Happy Face과 혀와 연구개

그림 3) 호흡할 때 성대 모양

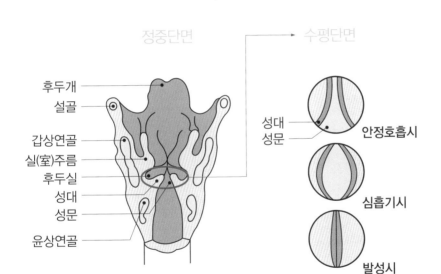

노래를 부르는 중간 숨을 마실 때에는 과도한 소리가 나는 것은 주의해야 한다. 연습 과정에서는 목을 열고 명치 부분을 밖으로 밀며 늑골을 팽창시키기 위해 일부러 호흡 소리를 내며 연습하는 경우도 있을 수 있다. 하지만 실제 노래를 할 경우에는 목에서 호흡 소리가 나지 않도록 유의하도록 한다.

호흡을 마신 후에는 배꼽 밑 3~5cm 부분 즉, 몸의 중심에서 호흡이 무너지지 않게 가볍게 힘을 주며 유지한다. 노래를 하거나 호흡을 뱉을 때 자연스럽게 호흡이 빠져나가는 부분을 제외하고는 일부러 호흡 근육을 집어넣지 않는다. 숨이 몸속으로 들어가면 몸통이 부풀고 횡격막이 내려가며 숨이 나가면 횡격막은 올라오고 몸통은 제자리로 돌아간다. 호흡은 일정한 양으로 조절하며 호흡이 없어질 때까지 내 뱉는다. 모든 호흡은 자연스러운 것이 가장 중요하다. 이 과정을 5번 정도 반복하며 연습해 본다.

그림 4) 호흡과 횡격막

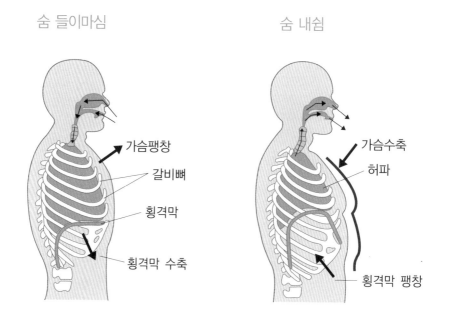

숨 들이마심　　　　　　　숨 내쉼

가슴팽창
갈비뼈
횡격막
횡격막 수축

가슴수축
허파
횡격막 팽창

b. 누워서 연습하기: 편한 자세로 누운 후 무릎을 세운다. 몸을 최대한 이완시키고 무릎 사이에는 주먹이 하나 들어갈 공간을 만들고 양 팔은 바닥에 놓고 손바닥은 하늘을 향하게 한다. 서서 연습할 때와 동일한 방법으로 숨을 들이마시고 뱉는다.

c. 단체 연습의 경우 지도자는 호흡을 들이마시고 '스~' 소리로 호흡을 내뱉을 때 숫자를 세어주며 학생들은 숫자와 동시에 천천히 걸으면서 호흡을 내뱉는다. 되도록 이면 걸으면서 높은 숫자에 도달하도록 숨을 참고 조절한다. 호흡 연습하는 횟수를 거듭할수록 숫자가 높아질 수 있도록 호흡을 조절해 본다. 숫자를 세는 동안 먼저 호흡이 끝난 학생은 자리에 멈추어 호흡을 고르며 다음 시작을 기다린다. 다시 한 번 더 반 복한다.

5. 음역별 목소리 구분

1) 음역(Vocal Range)의 구분

뮤지컬에서는 목소리 타입이 캐릭터에 중요한 영향을 주기 때문에 목소리의 음역대를 알고 자신의 레퍼토리를 배워가는 것은 매우 중요하다. 음역의 구분은 음정의 높낮이로 구분을 하기도 하지만 목소리의 두께를 갖고 판단하기도 한다. 물론 예외는 있지만 일반적으로 젊고 예쁜 주인공의 캐릭터는 소프라노가 주로 부르며 코믹하고 개성 있는 역할은 알토가 맡기도 한다. 남성의 경우도 밝은 미성의 테너 음역대는 젊은 주인공의 역할을 하기도 하고 중후한 목소리는 개성 있는 역할을 맡는다. 하지만 자신이 갖고 있는 음역에서 머무르지 않고 더욱 발전되기 위해 노력한다면 좀 더 다양한 노래와 캐릭터를 가질 수 있을 것이다.

목소리의 구분은 크게 소프라노, (메조소프라노), 알토, 테너, (바리톤), 베이스로 나뉜다. 아래의 음정은 보편적인 음역대를 나타낸 것으로 개인에 따라 약간의 차이가 날 수 있다.

소프라노   엘토   테너   바리톤   베이스

A(라)   C(도)   G(솔)   F(파)→G(솔)   A(라)   A(라)   G(솔)   G(솔)   F(파)   E(미)   F(파)

솔로와 마찬가지로 앙상블 합창의 경우 소프라노, 메조소프라노 또는 알토, 테너, 바리톤, 베이스의 파트로 구분되며 퍼스트 소프라노(1st Soprano), 세컨드 소프라노 (2nd Soprano)처럼 각 파트별로 더 세분화되어 나누어질 수 있다. 앙상블은 합창을 부를 때 솔로들보다 높은 음역을 부르기도 한다.

남성의 목소리는 여성보다 발달이 느리며 연습이나 나이가 들어감에 따라 음역대가 바뀌기도 하기 때문에 어린 학생들은 조급해 하지 않아도 된다.

여성의 경우 남성보다 진성과 두성의 소리 차이가 크게 들리며 노래를 부르는 여학생들은 그것을 해결하기 위해 많은 연습을 해야 한다. 진성에서 두성으로 바뀌는 부분을 믹스드 보이스(Mixed Voice) 창법으로 해결할 수 있으며 연습을 통하여 소리의 흐름을 자연스럽게 해야 한다. 이제 아래 설명에서 자세히 보기로 하자.

2) 소프라노

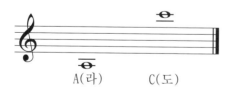

A(라)   C(도)

소프라노 음역대

도/시부터 중간 도를 지나 높은 라, 또는 그 이상 도의 음정을 낸다. 소프라노 역시 두성으로 소리를 바꾸기 전까지의 음정에선 벨팅과 믹스드 보이스를 이용해 소리를 내며 그 이상의 높은 음에서 두성을 이용해 노래한다.

더 세부적으로 구분하자면 팝 소프라노 레짓 소프라노로 나눌 수 있다.

레짓 소프라노(Legimate Soprano)

클래식 성악 스타일의 테크닉이 요구되는 노래들이 많으므로 성악 발성 기초가 되어야 부를 수 있다. 1960년대 이전 작품에 많은 역할들이 있으며, 1950년대 '로저스 앤 해머스타인'의 작품들이나 현대 작품의 대표적인 예로는 〈오페라의 유령〉의 '크리스틴', 〈지킬 앤 하이드〉의 '엠마'를 들 수 있다.

팝 소프라노(Pop Soprano)

젊고 어린 로맨틱한 주인공 캐릭터가 주를 이루며 무겁지 않은 소리로 밸팅과 믹스드 보이스를 이용한 소프라노 영역까지 소화한다. 대표적으로 〈인어공주〉의 '에리엘', 〈미녀와 야수〉의 '벨'이 있다.

3) 믹스드 보이스(Mixed Voice)

뮤지컬 노래에 유용한 창법이며 단어의 뜻 그대로 진성에서 두성으로 소리가 변할 때 그 사이를 자연스럽게 지나갈 수 있는 창법이다.

진성과 두성이 쉬인 소리로 반 가성이랑 부르는 사람들도 있다. 진성을 내는 음역대는 사람마다 다르므로 자신이 어느 음정에서 진성이 두성으로 바뀌는지를 먼저 알

아야 한다. 갑자기 창법이 바뀌면 소리의 색깔과 에너지가 달라지므로 진성에서 두성
으로 바뀌는 두 음이나 세 음정 정도 전에서 두성으로 소리를 바꾼다.

개인차가 있기는 하지만 대부분 여성 음역대 중 가온 라(A)–미(E) 사이의 음정에서
진성에서 두성으로의 변화가 크다고 볼 수 있다.

특히 여학생들의 경우 연습을 하는 단계이기 때문에 두성으로 소리가 바뀔 때 갑자
기 소리가 작아지는 느낌이 들 수 있는데, 두성으로 소리 위치를 옮긴 후에는 진성처럼
강한 소리가 나도록 소리가 가는 방향을 호흡과 에너지를 실어 이마와 미간 앞쪽으로
보낸다.

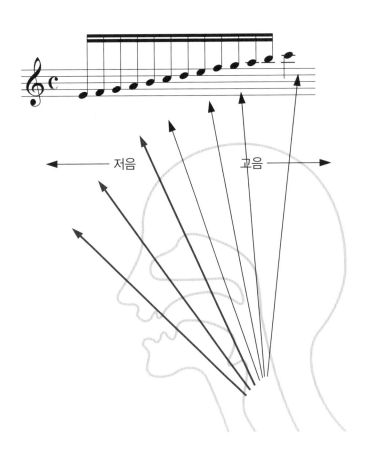

많은 연습이 필요하며 좋은 호흡과 소리의 위치를 찾아 연습해야 한다. 여성들의 경우 믹스드 보이스를 잘 연습하면 진성과 두성을 자유롭게 넘나들 수 있으며 다양한 레퍼토리를 부를 수 있게 된다.

다음 장에서 설명할 'P 106 6. 발성 연습 중 2) 소리길 만들기'에 있는 발성법들이 믹스드 보이스 연습하기에 유용하다고 할 수 있다.

4) 알토 / 벨팅(Belting)

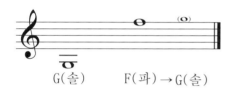

G(솔)   F(파) → G(솔)

알토 음역대

낮은 파/솔부터 중간 도를 지나 미까지 진성 즉, 벨팅 창법으로 부른다. 일반적으로 소프라노보다 굵고 어두운 소리를 말한다.

벨팅(Belting) 창법

알토의 음역대에서 부르는 노래들에서 쓰이는 진성 창법을 벨팅이라고 한다. 가슴 소리(Chest Voice)라고도 하며 평소 말하는 음역대보다 높은 음역을 부르게 되고, 일반적으로 노래의 클라이막스에서 음정을 강하게 부를 때 사용되므로 많은 에너지를 필요로 한다. 연구에 따르면 벨팅은 후두의 위치를 높이고 부를 때 더 울림이 좋으며, 모음은 밝고 소리가 가는 방향은 앞쪽으로 향하게 된다. 하지만 노래 연습 후 말할 때 목소리가 쉰 소리가 나면 연습을 중지해야 하며 무리하게 연습하지 않는다. 또한 필요한 음정에서 좋은 소리와 에너지를 보여주는 것이 좋으므로 노래 시작할 때부터 끝날 때까지 알맞게 조절하여 부르며 무리하게 사용하지 않는 것이 좋다.

5) 테너, 바리톤, 베이스

테너

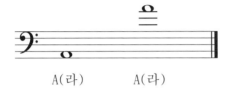

낮은 라부터 중간 도를 지나 높은 솔/라 까지 음정을 내는 밝고 가벼운 소리이다. 남성의 음역대 중 가장 높은 음을 편안히 부르게 되며 주로 젊은 남성의 주인공 캐릭터를 많이 표현한다.

바리톤

낮은 솔 중간 도를 지나 솔 음정의 음역대를 일컬으며 테너에 비해 소리가 두껍고 어둡다. 간혹 하이 바리톤이라 하여 소리색은 바리톤에 가깝지만 테너의 음역에 가까운 노래를 소화하는 경우도 있다.

베이스

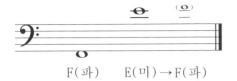

F(파)   E(미)→F(파)

낮은 미에서 중간 도를 지나 레-파 음정을 말하며 바리톤보다 훨씬 무겁고 어두운 소리이다.

음역대별 주요 노래 목록

소프라노

엠마 / 지킬 앤 하이드-Once upon a Dream(한때는 꿈에)

크리스틴 / 오페라의 유령-Think of Me(나를 생각해요)

일라이자 / 마이 페어 레이디-I could Have Danced all Night(밤새도록 춤 출 수 있어요)

텁팀 / 왕과 나-My lord and Master(나의 왕, 내 주인)

클라라 / The light in the Piazza-The light in the Piazza(사원의 불빛)

알토(메조소프라노)

킴 / 미스사이공-I'd give my life for you(내 인생 너를 위해 바칠 거야)

메르세데스 / 몬테크리스토 백작-세월 흘러

콘스탄체, 남작 부인 / 모차르트-나는 예술가의 아내라, 황금별

에포닌 / 레미제라블-On my own(나홀로)

루시 / 지킬 앤 하이드-A New Life(새인생)

테너

　지킬 / 지킬 앤 하이드-This is the Moment(지금 이순간)

　토니 / 웨스트 사이드 스토리-Maria

　크리스 / 미스 사이공 -Why god why(신은 왜)

　팬텀 / 오페라의 유령-The Music of the Night(밤의 음악)

　몬테 크리스토(에드몬) / 몬테 크리스토-Hell to your doorstep(너에게 선사

　하는 지옥)

바리톤

　자베르 / 레미제라블-Star

　야수 / 미녀와 야수-If I can't love her(그녀를 사랑할 수 없다면)

　돈기호테 / 맨 오브 라만차-Impossible dream(이룰 수 없는 꿈)

　포기/포기와 베스-I got plenty o' nuttin'(나는 가진 것 없네)

　바비 / 컴퍼니-Being Alive(사는 동안)

6. 발성 연습

인간의 몸은 커다란 악기라 할 수 있다. 첼로나 바이올린이 비어 있는 몸통을 울려 소리를 내는 것과 같이 인간의 소리도 몸을 통해 공명되고 증폭된다. 음정의 높이에 따라 울려서 나가는 위치가 다른데 예를 들면 낮은 소리는 가슴 쪽 공명에 영향을 주며 중간 음역 대는 경구개와 얼굴 앞쪽 부비강(사이너스)을 울린다. 그리고 가장 높은 음역대는 연구개와 머리 윗부분을 울린다. 소리를 낼 때 각 음정에 맞게 공명 부분을 파악하면 다양한 음역대의 소리를 낼 수 있게 된다.

뮤지컬 노래는 소리의 공명과 함께 정확한 가사로서 대사를 전달해야 하므로 그에 따른 올바른 소리의 위치와 딕션을 통해 가사를 관객들에게 정확히 전달하여야 한다. 지금부터 연습하는 모든 발성법은 뮤지컬 노래를 전제로 한 것으로서 뮤지컬 발성에 유용한 연습법이다.

그림 5) 음계에 따른 소리 방향

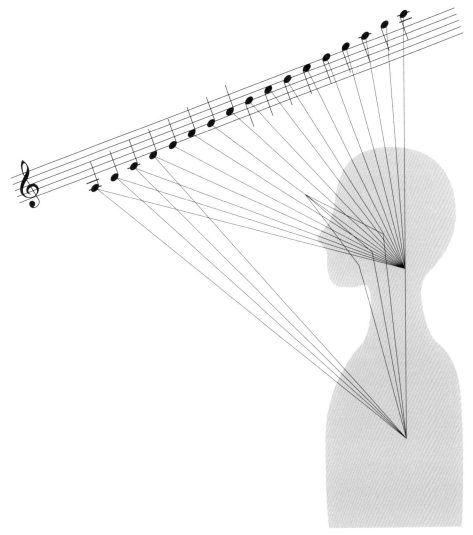

그림 6) 공명 체계

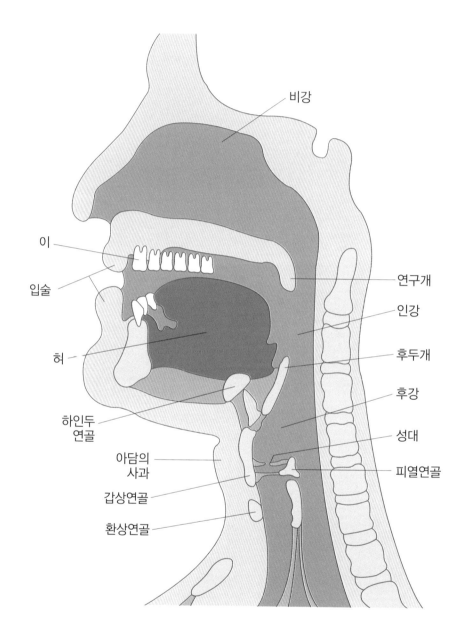

그림 7) 모음과 자음의 위치

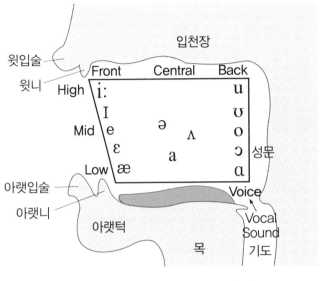

모음 발성 위치도

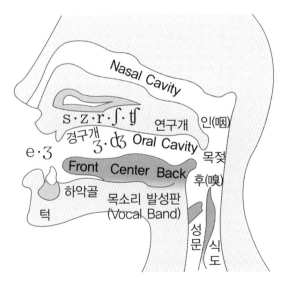

자음 발성 위치도

a. 올바른 자세

발성과 노래를 연습하기 전에는 항상 자세가 올바른지 확인한다. 두 다리는 어깨 넓이로 벌리고 편안한 자세로 서서 어깨와 팔은 힘을 빼고 시선은 앞을 보고 선다.

1) 얼굴과 몸 근육의 이완

a. 립 트릴

두 입술을 붙이고 앞서 학습한 복식 호흡을 이용해 호흡을 뱉으며 음정을 낸다. 말 그대로 입술을 떨면서 음정을 내는 연습이다. 얼굴 근육의 이완을 도와주며 소리의 길을 '부비강' 쪽으로 갈 수 있도록 한다. 얼굴이나 목 근육을 이완시키고 호흡을 조절하면서 자연스럽게 음정을 내도록 한다.

소리를 낼 때에는 호흡이 끊기지 말고 연결되도록 하며 처음부터 끝까지 한 호흡으로 소리길을 따라 앞쪽으로 보낸다.

발성 연습 스케일

시작 음정과 최고 음정은 각자의 목소리 음역대에 따라 최저음과 최고음을 정하여 자유롭게 연습한다.

아래 연습법 4번까지의 스케일은 립 트릴과 각각의 모음, 스타카토의 연습으로도 응용할 수 있다.

연습 1) Track 1

연습방법-립 트릴(입술 떨기) : 입술을 붙이고 호흡을 밖으로 보내 입술이 떨리게 한다.

우리는 말을 할 때 과도하게 입을 움직인다거나 호흡을 하지 않는다. 성대를 짧게 쓰면서 음절이 힘을 들이지 않고 빨리 연결되며 말을 하는데 뮤지컬 노래에서도 말하듯 노래하는 것은 중요하다.

말하는 것처럼 편하게 노래하는 소리길을 만드는 첫 번째 단계의 연습법이며 장소에 구애 받지 않고 어디서나 작은 소리로 연습할 수 있는 방법으로 오디션장이나 노래를 부르기 전에 간단히 목소리를 가다듬을 때 유용한 연습법이기도 하다.

높은 음을 낼 때 음정을 일부러 내려고 후두를 조인다거나 공기를 너무 많이 사용하려고 하지 않아야 한다. 입술 근육에 힘을 많이 주게 되면 혀가 경직되어 입술 움직임이 멈추게 된다. 입술의 이완이 잘 되지 않을 때에는 양쪽 입술 끝에 양손의 검지 손가락을 대고 눌러 고정을 하고 입술 근육을 이완시킨 후 다시 한번 불러 본다.

입술 떨기 연습법으로 소리가 끊기지 않게 낮은음부터 높은음의 영역까지 내는 연습이며 고음으로 올라 갈수록 소리가 나는 위치는 연구개 위쪽인 두성 공간을 울리게 된다.

옥타브 위 음정까지 슬라이드 하듯 음정을 이어서 내주고 다시 내려올 때도 슬라이드 하듯 내려온다. 단, 호흡은 끊이지 않게 한 호흡을 유지하며 편안하고 자연스러워질 때까지 매일 꾸준히 연습한다.

립 트릴

각 성부별 연습 음정

소프라노　　　　　알토　　　　　테너　　　　　베이스

연습 일지 노트

연습 시작 일:

연습 중 잘 되는 부분:

연습 중 잘 안 되는 부분:

질문할 내용:

나만이 내 인생을 바꿀 수 있다. 아무도 날 대신해 해줄 수 없다. – 캐롤 버넷 –

그림 8) 5가지 동작 연습

5가지 동작과 함께 연습해 보기

양 팔을 이용하여 한 옥타브 시작 첫 음에서 한 팔을 들고 체조하듯 위로 올리며 몸을 올리는 손 반대쪽으로 살짝 스트레칭하듯 구부린다. 내려오는 음에서 몸을 제자리에 오며 팔도 같이 내린다. 한 옥타브에 한 동작씩 한다. 오른팔–왼팔–양팔–몸을 살짝 구부린다–천천히 올라온다. 이렇게 다섯 동작을 한 세트로 음정과 함께 연습한다. 몸을 이용해 호흡과 소리가 잘 나올 수 있도록 돕는 방법이다. 음정은 두 가지 방법으로 낼 수 있다.

연습 2) Track 2

5개 모음을 이용하여 음정에 맞추어 연습하며 한 호흡으로 연결하여 연습한다.

립 트릴과 각각의 모음 아, 에, 이, 오, 우 [a e i ɔ u]를 한 모음씩 연습할 수 있다. 고음으로 갈수록 연구개를 들어 올려 두성을 울려서 소리를 내도록 하며 목구멍을 좁혀 소리가 납작해지지 않도록 한다.

하지만 '아'를 제외한 아, 에, 이, 오, 우 [a e i ɔ u]의 모음은 고음으로 갈수록 그 모양이 유지되지 않고 입이 '아' 모음처럼 열리려는 경향이 있으므로 후두와 턱은 내리고 입천장은 올리면서 입술 모양은 자연스럽게 열리도록 한다.

립 트릴

아 –

에 –

이 –

오 –

우 –

각 성부별 연습 음정

소프라노   알토   테너   베이스

연습 일지 노트

연습 시작 일:

연습 중 잘 되는 부분:

연습 중 잘 안 되는 부분:

질문할 내용:

내 자신에 대한 자신감을 잃으면, 온 세상이 나의 적이 된다. – 랄프 왈도 에머슨 –

연습 3) Track 3

위 연습법과 같은 방법으로 연습하며, 3음 위의 고음이 더 추가된 멜로디이다.

립 트릴

아 -, 에 -, 이 -, 오 -, 우 -

각 성부별 연습 음정

소프라노   알토   테너   베이스

연습 일지 노트

연습 시작 일:

연습 중 잘 되는 부분:

연습 중 잘 안 되는 부분:

질문할 내용:

인내는 쓰고, 그 열매는 달다. - 루이소 -

연습 4) Track 4

위의 연습 3과 같이 불러보면서 한 호흡으로 연결하도록 한다.

저음에서 고음으로 올라갈 때 호흡이 소진되지 않도록 공기를 조절하고 진성 두성이 자연스럽게 연결되도록 한다. 고음에서 소리가 갈라지지 않도록 하며 턱 밑 근육이 딱딱하게 긴장되지 않도록 확인하도록 한다.

각 음정을 정확한 피치(Pitch)로 내며 음정을 연결하여 모호한 음정이 되지 않도록 정확히 내도록 한다.

립 트릴

아 –

에 –

이 –

오 –

우 –

각 성부별 연습 음정

연습 일지 노트

연습 시작 일:

연습 중 잘 되는 부분:

연습 중 잘 안 되는 부분:

질문할 내용:

우리의 최대의 영광은 한 번도 실패를 안했다는 것이 아니고,
넘어질 때마다 일어나는 점에 있다. - 골드스미스 -

2) 소리길 만들기

연습 5) Track 5

브[V] 발성-

영어의 브[v]자음을 이용하여 하는 연습으로 호흡과 소리길을 목 근육이 잘 익힐 수 있도록 돕는다. 브[v]호흡이 먼저 나간다고 생각을 하고 내고자 하는 음정을 호흡과 섞어 소리 낸다. 관악기의 리드처럼 입술에 리드가 있다고 생각하고 호흡이 입술 아래로 빠지는 느낌이 아니라 위쪽으로 소리와 함께 상승하도록 한다. 코 뒤쪽의 부비강을 따라 소리가 자연스럽게 연결되어 부를 수 있도록 한다.

뮤지컬 노래 중 여성이 부르는 진성노래는 대부분이 중(도-높은 미)음역대의 노래가 많은데 이 연습을 통해 진성과 두성을 자연스럽게 섞이고 믹스드 보이스(Mixed Voice) 음역대로 연결되며 힘이 있는 소리로 노래할 수 있도록 도와준다. 이 연습을 통하여 음정마다 소리의 위치를 잘 기억하고 몸에 익숙하도록 익혀보자.

각 성부별 연습 음정

연습 일지 노트

연습 시작 일:

연습 중 잘 되는 부분:

연습 중 잘 안 되는 부분:

질문할 내용:

인내는 일을 받쳐 주는 자본이다. - 발자크 -

연습 6) Track 6

흥 이[i] −

고음 연습에 유용한 발성 연습으로 '흥' 소리로 비강에 콧소리 내듯 호흡을 밀어 소리를 붙인 후 [i] 모음으로 음정을 시작한다. 첫 음정을 반음씩 높여가며 연습한다. 목이 아닌 아랫배 근육의 조절로 스타카토 하듯 끊어가며 '흥'을 붙이고 이는 입천장을 들어 부비강을 공명시키며 소리를 낸다.

모음 중에 [i] 모음은 윗니 바로 뒤에 오는 가장 앞쪽에 있는 모음으로서 소리가 자연스럽게 앞쪽으로 붙는 모음이므로 믹스드 보이스(Mixed Voice) 발성 연습과 고음 연습에도 효과가 좋다. 고음 연습을 할 때는 너무 큰소리로 하기보단 작은 소리로 연습한다.

각 성부별 연습 음정

연습 시작 일:

연습 중 잘 되는 부분:

연습 중 잘 안 되는 부분:

질문할 내용:

인내하는 힘을 기르려면 음악가만큼 연습이 필요하다.
그런데 우리들은 언제나 연습하는 것조차 잊어버릴 때가 있다. – 존 러스킨 –

소리위치와 '이'와 '아'의 연결을 연습하는 방법이다.

'흥'으로 소리 위치를 비강 쪽으로 붙인 후에 '이'모음으로 바꿀 때에 소리 위치가 변하지 않도록 하며 '이' – '아' 모음으로 바꿀 때에 공명이 될 수 있도록 연구개와 비강을 열고 공간을 만들어 준다. 음정이 내려가거나 올라갈 때 소리 위치가 뚝 떨어지지 않도록 호흡을 잘 버티며 집중하면서 연습한다.

특히 '아' 모음은 턱이 내려가고 입이 더 벌어지므로 소리 위치가 갑자기 아래로 뚝 떨어지는데 이때 당황하지 말고 '흥, 이' 모음을 소리 냈던 위치를 다시 상기하고 불러보면서 소리를 연결한다.

실제 노래를 부를 때에도 여러 음정들을 연결하며 부르게 되는데 각 음정에 따라 소리위치가 연결되지 않으면 소리가 나가는 위치가 달라지므로 각각의 음정들이 좋은 위치에서 연결되도록 연습하여 안정적으로 부를 수 있도록 한다.

각 성부별 연습 음정

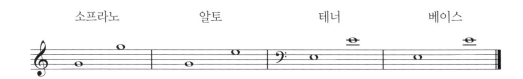

연습 일지 노트

연습 시작 일:

연습 중 잘 되는 부분:

연습 중 잘 안 되는 부분:

질문할 내용:

Well done is better than well said.
실천이 말보다 낫다. - 벤자민 프랭클린 -

연습 8) Track 8

이번 연습은 고음 연습으로 고음에서 점차 아래로 내려오면서 불러보는 연습이다.

스타카토 하듯 고음 '홍'을 호흡을 이용해 4번 소리내며 이마와 미간 앞쪽으로 소리를 보낸다. 고음에서 '홍'이라는 소리를 내기가 쉽지는 않으나 호흡을 밖으로 뱉어 소리와 호흡이 함께 빠져나가는 느낌으로 불러 본다. '홍'에서 '아' 모음을 연결할 때에는 '홍'을 부르면서 닫혔던 목구멍이 확 열리게 되는데 '아'를 부를 때 연구개를 동시에 들어 올리고 턱 밑 근육이 부드럽게 되도록 긴장을 이완한다.

연습시 턱 밑 근육이 딱딱한 경우는 목과 턱 부분에 힘이 들어가는 경우로 손가락을 이용해 아래 턱을 마사지 하듯 문지르고 힘을 빼면서 부른다.

각 성부별 연습 음정

연습 일지 노트

연습 시작 일:

연습 중 잘 되는 부분:

연습 중 잘 안 되는 부분:

질문할 내용:

숲속에 두 갈래 길이 있었다고, 나는 사람이 적게 간 길을 택하였다고 그리고,
그것 때문에 모든 것이 달라졌다고. – 로버트 프로스트 –

3) 모음의 연습

연습 9) Track 9

음계 연습을 할 때에는 모음 중 가장 앞쪽에 위치한 '이[i]' 모음으로 먼저 연습하여 근육에 공명 위치가 잘 기억이 되도록 하며 다른 모음들을 '이[i]' 모음위치에 연결하여 연습한다.

예를 들어 '아[a]' 모음은 목뒤 아래에 위치하기 때문에 소리를 공명시키고 앞쪽으로 붙이기 어렵다. 먼저 도레미파솔까지는 '이[i]' 모음으로 시작하여 연습하고 솔에서 음정이 내려가는 솔파미레도에서는 모음 '아[a]'를 이용하여 '이[i]' 모음의 위치에 가깝게 내준다. 결국 '이-아[i-a]'를 연결하여 모음의 위치를 고르게 연습하게 된다. 다른 모음들도 같은 방법으로 '이-에[i-e]', '이-우[i-u]' 등 응용하여 연습할 수 있다.

소리를 좀 더 앞쪽으로 잘 오게 하기 위하여 자음을 이용할 수 있는데 자음 중에 'ㄹ, ㅁ, ㄴ'와 'L, M, N'은 코쪽 소리(Nasal Sound)라 하여 아주 효과적으로 소리를 앞쪽으로 붙이는 것을 도와준다. 그리하여 연습할 때 '이[i]' 모음에 자음 'ㅁ[m]'을 붙여 'ㅁ[m]'로 연습하면 더욱 효과적이다.

각 성부별 연습 음정

연습 일지 노트

연습 시작 일:

연습 중 잘 되는 부분:

연습 중 잘 안 되는 부분:

질문할 내용:

Regret for wasted time is more wasted time.
낭비한 시간에 대한 후회는 더 큰 시간 낭비이다. – 메이슨 쿨리 –

연습 10) Track 10

　　다섯 개의 모음을 각각 연습해보면 개인마다 소리가 잘 나는 모음과 잘 나지 않는 모음이 있는 것을 알게 된다. 그럴 경우 좋은 위치에서 소리가 나는 모음을 먼저 연습하고 그 자리를 근육이 감각이 기억할 수 있도록 한 후 같은 위치에서 다른 모음들을 불러 본다. 대부분 '아' 모음을 부를 때 과도하게 입을 벌리고 탁을 떨어뜨려 소리까지 아래로 뚝 떨어지는 경우가 있는데 주의하도록 하자.

　　음정이 내려가면서 에너지와 호흡이 소진되어 소리를 힘 있게 앞쪽으로 붙이지 못하는 경우가 있는데 마지막 음정을 부를 때까지 호흡을 조절하여 소리를 앞으로 전달하도록 한다. 노래를 부를 때에도 마찬가지로 음정이 내려가는 부분에서 호흡이 소진되어 소리가 앞으로 전달되지 않는 경우가 있으므로 항상 올바른 소리 위치를 통해 밖으로 전달되도록 연습한다.

　　호흡이 소진되면서 배 근육의 힘이 풀릴 경우에는 배꼽 밑 3-5센티미터 정도 아래 단전 부분을 손끝으로 눌러 지지해 주면서 불러본다. 이럴 경우 호흡이 유지되면서 힘이 생기게 되는데 꾸준한 연습으로 외부적인 도움 없이 연습을 할 수 있도록 한다.

[a, e, i, ɔ, u]

아 -, 에 -, 이 -, 오 -, 우 -

각 성부별 연습 음정

소프라노　　　　알토　　　　테너　　　　베이스

·
알기 쉬운
뮤 지 컬
가창 실기

연습 일지 노트

연습 시작 일:

연습 중 잘 되는 부분:

연습 중 잘 안 되는 부분:

질문할 내용:

Quality is never an accident; it is always the result of intelligent effort.
품질이란 우연히 만들어지는 것이 아니라, 언제나 지적 노력의 결과이다. – 존 러스킨 –

4) 공명 연습

연습 11) Track 11

목 근육의 이완을 충분히 하고 소리를 낼 때 턱밑 근육이 딱딱해지지 않도록 손가락으로 눌러보며 연습한다. '아, 에, 이, 오, 우[a e i ɔ u]' 모음을 연결하여 차례로 부르며 경구개와 연구개를 들어 소리가 울릴 수 있는 공간을 마련하고 부비강을 울리도록 한다.

이때 발음이 부정확해지는 느낌이 있지만 입술로 발음을 만들기보다는 연구개를 들어 올려 소리를 울리는 연습을 하는 것으로 아주 작은 p(피아노)로 부르며 작은 소리의 울림을 느껴본다.

각각 위치가 다른 모음들이지만 입안에서 모음의 위치에 따라 연구개와 혀를 이용해 발음을 바꿔준다. 입술을 많이 움직이고 힘을 주어 발음을 만들지 않으며 입술에 힘을 완전히 빼고 발음 한다. 위의 '미' 음정에서 반음씩 내려가며 연습한다.

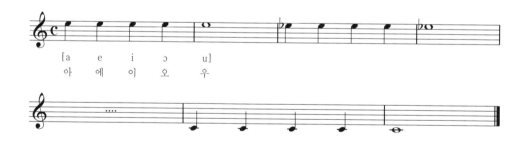

각 성부별 연습 음정

연습 일지 노트

연습 시작 일:

연습 중 잘 되는 부분:

연습 중 잘 안 되는 부분:

질문할 내용:

If you want the present to be different from the past, study the past.
현재가 과거와 다르길 바란다면 과거를 공부하라. – 바뤼흐 스피노자 –

'우' 모음으로 옥타브 위 음정을 연결하여 소리의 위치와 공명, 호흡 조절을 함께 연습하는 음정 스케일이다.

예를 들어 아래 음정처럼 첫 음 '도' 음정에서 옥타브 위 '도' 음정을 소리 낼 때 음정이 갑자기 위로 도약을 하기 때문에 성대가 긴장하여 후두가 올라가 목을 조이는 경우가 있는데 후두의 위치를 유지하고 목구멍을 열도록 한다.

옥타브 위 음정으로 올라갈 때에는 연구개를 들고 두성이 잘 울릴 수 있도록 배 근육을 이용해 호흡을 한 번 더 앞으로 보내주며 음정이 내려가면서 스케일이 끝날 때까지 에너지를 잃지 않도록 유지한다.

특히 고음이 잘나지 않는 남성의 경우 후두가 딸려 올라가 목을 막지 않도록 목을 연 상태에서 아래 연습 스케일을 연습하면 좋은 효과를 볼 수 있다.

각 성부별 연습 음정

연습 시작 일:

연습 중 잘 되는 부분:

연습 중 잘 안 되는 부분:

질문할 내용:

우리가 할 수 있기 전에 배워야 하는 일들을, 우리는 하면서 배운다. − 아리스토텔레스 −

연습 13) Track 13

독일어로 '꿈'이라는 뜻의 단어로 '트러이메' 라고 읽어주며 'tr' 자음을 이용하여 소리의 위치를 잡고 '어' 모음으로 연구개를 들어 올려 소리를 공명시켜 준다.

모음만으로 발성 연습을 할 때 소리가 어둡거나 연구개의 뒤쪽에서 소리가 나는 것 처럼 느껴지기도 하는데 'tr' 자음이 소리를 앞쪽으로 붙여주기 때문에 자음과 함께 연습해 보자.

공명된 '어' 모음의 소리는 연구개 뒤 쪽에서 울리는 느낌이 있는데 공명시켜 주면 서 소리의 방향을 앞쪽으로 나갈 수 있도록 한다.

'이' 모음을 연결할 때 혀를 입천장 쪽으로 밀어 올리면서 '메'를 연결하여 끝까지 멈추지 않고 부른다.

각 성부별 연습 음정

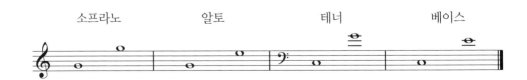

연습 시작 일:

연습 중 잘 되는 부분:

연습 중 잘 안 되는 부분:

질문할 내용:

Our greatest glory is not in never falling, but in rising every time we fall.
가장 큰 영광은 한 번도 실패하지 않음이 아니라 실패할 때마다 다시 일어서는 데에 있다. - 공자 -

5) 단 모음의 연결과 소리 위치 연습

연습 14) Track 14

'이, 에, 오' 세 개의 모음을 연결하여 불러보는 연습으로 입술에 과도하게 힘을 주어 모음을 만들지 않도록 하자. 입술의 모양으로 모음을 만든다기 보다는 입안의 입천장과 혀의 움직임을 이용하여 모음의 모양을 바꾸도록 한다.

노래를 배우는 단계인 여학생의 경우 낮은 음 부분에서는 소리가 힘차고 강하게 나는 느낌이 들고 고음으로 올라갈수록 소리가 작아진다거나 힘이 없어지는 느낌이 들 수 있다.

이러한 현상은 음정이 높아지고 진성에서 두성으로 올라갈수록 입천장의 앞쪽 경구개에서 점점 목젖 근처인 연구개가 들리고 연구개 뒤쪽에서 소리가 울리기 때문이다. 또한 성대 음파가 나가는 위치와 울리는 공간이 자연스럽게 이동을 하는 것으로 꾸준한 연습으로 두성 소리를 강화하자.

각 성부별 연습 음정

연습 일지 노트

연습 시작 일:

연습 중 잘 되는 부분:

연습 중 잘 안 되는 부분:

질문할 내용:

If I only had an hour to chop down a tree, I would spend the first 45 minutes sharpening my axe.
나무 베는데 한 시간이 주어진다면, 도끼를 가는데 45분을 쓰겠다. – 에이브러햄 링컨 –

다섯 개의 모음 '아, 에, 이, 오, 우 [a e i ɔ u]'을 각각 따로 한 모음씩 여러 가지 음계에 맞추어 연습한다. 한 호흡으로 끊이지 않게 부르며 음정을 길게 끌 때 연구개를 들어 올려 소리가 울릴 수 있도록 한다.

음정의 도약 폭이 넓은 아래 연습 스케일은 각 음정의 위치를 빨리 인지하고 편한 소리를 내기 위한 방법으로 노래를 부르듯이 매일 연습하여 노래에 적용해 보도록 하자.

시작음부터 최고음까지 노래하는 음폭이 큰 연습법으로 소리가 진성에서 두성으로 또는 두성에서 진성으로 바뀌는 시점에서 소리가 바뀔 때 최대한 부드럽게 연결되도록 해야 한다. 진성으로 내려올 때는 소리가 나는 위치를 잘 유지하여 점차적으로 내려오도록 하며 갑자기 소리가 나는 위치를 아래쪽으로 떨어뜨리지 않도록 한다.

진성에서 두성, 두성에서 진성 소리가 바뀌는 두 음 정도 전부터 미리 바뀔 것을 염두 하고 안정적으로 음정이 연결되도록 해야 한다. 이 연습은 한 번에 완성되지 않고 오랜 연습 기간이 필요하다.

또한 낮은음부터 아주 높은 음역대까지 연습할 경우 각 음정들의 폭이 크다고 생각하지 말고 첫 음을 올바른 위치에서 시작하며 최대한 음폭을 줄이고 같은 위치에서 소리가 나는 것처럼 연결하는 느낌으로 부르도록 한다.

아 -, 에 -, 이 -, 오 -, 우 -

각 성부별 연습 음정

소프라노　　　　알토　　　　테너　　　　베이스

연습 일지 노트

연습 시작 일:

연습 중 잘 되는 부분:

연습 중 잘 안 되는 부분:

질문할 내용:

성공하려고 아무리 열심히 노력해도 실패에 대한 두려움이 마음에 가득하다면,
노력하지 않게 되고 정진이 허사가 되어 성공은 불가능해질 것이다. - 보두앵 -

연습 16) Track 16

다음의 연습은 9번과 마찬 가지로 다섯 개의 모음 '아, 에, 이, 오, 우[a e i ɔ u]' 를 각각 따로 한 모음씩 연습한다.

처음 시작을 높은 음정에서 시작하며 점차 반음씩 내려가면서 스케일 연습을 한다. 윗 음정에서 아래로 내려가며 모음의 위치가 흔들리지 않고 올바른 위치로 연결되도 록 충분한 호흡으로 끝까지 유지한다.

음정이 올라갔다 내려가면서 모음이 바뀔 때 입술을 과도하게 움직여 모양을 만들 지 말고 입안 입천장 쪽의 연구개와 혀를 이용하여 모음을 만들도록 한다.

큰소리로 과격히 부르기보다는 소리의 위치에 집중하면서 조심스럽게 각각의 음정 들의 위치를 정확이 내고 각 셋잇단 음표의 첫 음정에 살짝 엑센트를 주어 불러 본다.

여성의 경우 두성에서 진성으로 소리가 바뀔 때 소리 차이가 많이 나지 않도록 소리 가 나가는 위치를 좁히고, 앞서 언급한 믹스드 보이스(Mixed Voice) 연습과 병행하여 연습해 본다.

아 -, 에 -, 이 -, 오 -, 우 -

각 성부별 연습 음정

소프라노　　　　　　알토　　　　　　　테너　　　　　　베이스

연습 일지 노트

연습 시작 일:

연습 중 잘 되는 부분:

연습 중 잘 안 되는 부분:

질문할 내용:

우리가 할 수 있는 최선을 다할 때,
우리 혹은 타인의 삶에 어떤 기적이 나타나는지 아무도 모른다. - 헬렌 켈러 -

연습 17) Track 17

앞서 연습한 모음 연결과 호흡을 길게 유지시켜 음정을 내는 연습이다.

고음 부분에 페르마타(음정을 2~3배 길게 부르기)를 해야 하므로 전체 음정 스케일

을 숙지하고 초반에 호흡이 다 소진되지 않고 끝까지 부를 수 있도록 한다.

각 성부별 연습 음정

연습 일지 노트

연습 시작 일:

연습 중 잘 되는 부분:

연습 중 잘 안 되는 부분:

질문할 내용:

Tell me and I forget. Teach me and I remember. Involve me and I learn.
나에게 말하라... 그러면 나는 잊을 것이요, 나를 가르치라... 그러면 나는 배울 것이요,
나를 열중시켜라... 그러면 나는 기억할 것이다. - 벤자민 프랭클린 -

신체를 이용한 고음 연습 방법 (Tip)

1. 고음이 잘 나지 않을때 배꼽 밑 3~5㎝ 단전 부분을 양 손끝을 이용하여 고음에서 아랫배를 지긋이 눌러(Push) 배 근육을 밀어 올리듯이 불러본다.

2. 고음에서 상체를 내려가며 빨리 숙여 음정을 부르는데 이때 상체를 구부리면 고음에서 성대가 긴장하여 조여지는 것을 방지하며, 엎드릴때에 소리가 연구개 위 머리쪽으로 가므로 자연스럽게 공명이 된다.
   또한 몸이 내려가면서 고음을 낸다는 생각을 잊어버려 평소 어려워 하던 음정들을 편하게 낼 수 있게 된다.

3. 고음에서 고정되어 있는 물체를 당기면서 소리를 내본다.
   예를 들어 피아노 양끝 모서리를 당겨 보면 이때 등과 배 근육에 힘이 가면서 소리가 밖으로 나갈(Project) 수 있는 힘이 생기게 된다.

4. 또는 반대로 물체를 밀면서 연습해 본다. 연습실 벽이나 기둥에 양 손을 대고 발끝으로 지지하며 물건을 미는 동작으로 배 근육과 하체에 힘이 생기고 호흡과 소리가 나가게 된다.

5. 벽에 등으로 기대어 서며 발은 벽에서 20㎝ 정도 뗀다. 등을 살짝 구부리면 등이 휘는 부분이 있는데 고음 부분에서 등의 휘어진 곳으로 벽을 밀며 불러본다.
   이 동작은 실제로 성악가들이 쓰는 방법이기도 하며 무대에서 노래를 할 때 이용할 수 있는 방법으로 서서 노래를 부를 때 고음에서 하체에 힘을 주고 등을 살짝 구부려 휘는 부분을 뒤로 밀듯 에너지를 보내며 부른다.

위의 방법들은 모두 올바른 호흡이 병행되어져야 하며 실제 노래를 부를 때 몸의 근육이 위의 느낌을 기억해 낼 수 있도록 꾸준히 연습해 본다.

6) 스타카토를 이용한 연습

연습 18) Track 18

스타카토-음정을 짧게 끊어내는 방법으로 음정을 낼 때 배 근육을 이용한 호흡으로 소리를 끊어주며 호흡 없이 목으로 소리를 내지 않는다.

스타카토는 발성연습의 가장 마지막 순서에 하며 스타카토가 잘 되면 발성연습이 잘 마무리된다고 볼 수 있다.

'여' 발음을 이용하여 연습하며 한 호흡으로 연결하여 부른다. 호흡 조절이 잘 되면 아래 스케일을 한 호흡으로 두 번 세 번씩 반복하여 연습한다.

신체 연습 방법은 아랫 배 근육을 각 음정을 한번씩 튕기듯 움직이며 호흡을 끊어 불러 본다. 단 음표의 첫 음정만 배 근육을 움직이고 나머지 두 음정은 배 근육을 움직이지 않고 유지하며 부를 수 있다.

각 성부별 연습 음정

연습 일지 노트

연습 시작 일:

연습 중 잘 되는 부분:

연습 중 잘 안 되는 부분:

질문할 내용:

A single day is enough to make us a little larger.
우리를 조금 크게 만드는 데 걸리는 시간은 단 하루면 충분하다(그러니 매일 노력하자). – 파울 클레 –

스타카토 연습. [ti] 티, [diŋ] 딩, [ziŋ] 징 등의 단어를 이용하여 연습해 본다.

자음을 이용하여 소리를 비강과 미간 앞쪽으로 붙이며 '이' 모음을 연결하여 소리가 떨어지는 것을 방지한다.

음정이 내려갈 때 소리가 함께 떨어지지 않도록 하며 '티, 티, 티, 티, 티'를 다섯 번 부르게 되는데 혀 끝을 윗니 뒤쪽을 차듯 연습한다.

턱을 다섯 번 과도하게 열면서 부르지 않도록 조심하며 경구개와 연구개를 들어 올려 소리가 공명될 수 있도록 한다.

마지막 '티, 티, 타, 타' 연습에서는 '티'에서 '타'로 바뀔 때 '아' 모음을 내기 위해 입을 더 열게 되는데 이때 소리 위치가 떨어지지 않도록 '이' 모음의 위치쪽으로 소리를 보내면서 '아'를 내도록 한다.

'아' 모음은 우리가 일반적으로 생각하는 것처럼 물리적으로 입을 크게 벌리지 않아도 연구개와 공명, 소리의 위치를 잘 유지하면 어렵지 않게 부를 수 있으므로 무조건 입을 크게 벌리기보다는 공명과 소리의 위치를 꼭 명심하도록 하자.

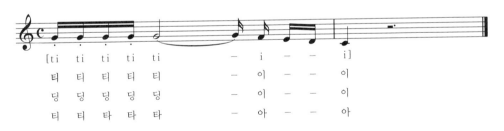

각 성부별 연습 음정

연습 일지 노트

연습 시작 일:

연습 중 잘 되는 부분:

연습 중 잘 안 되는 부분:

질문할 내용:

탁월하다는 것은 아는 것만으로는 충분치 않으며,
탁월해지기 위해, 이를 발휘하기 위해 노력해야 한다. - 아리스토텔레스 -

연습 20) Track 20

각 음정을 정확히 내도록 하며 호흡을 한 번에 다 풀어 주면 음정이 끊길 수 있기 때문에 일정한 공기압을 유지하도록 한다.

호흡이 나가면서 공기압이 높아지거나 낮아지면 소리가 납작해지고 각 소리들이 같은 음색이 아닌 제 각각의 소리를 낼 수 있으므로 꾸준한 연습으로 호흡과 성대 울림의 균형이 맞도록 조절한다.

각 성부별 연습 음정

연습 일지 노트

연습 시작 일:

연습 중 잘 되는 부분:

연습 중 잘 안 되는 부분:

질문할 내용:

To grasp the full significance of life is the actor's duty; to interpret it his problem;
and to express it his dedication. 삶의 완전한 의미를 이해하는 것은 배우의 의무,
해석하는 것은 배우의 문제, 표현하는 것은 배우의 노력이다. – 제임스 딘 –

연습 21) Track 21

스타카토와 레가토의 연결

지금까지 연습해온 다섯 모음을 이용하여 불러보는 연습법이다. 호흡을 충분히 하고 '이'를 부드럽게 연결한 후 스타카토로 소리를 끊어 준 후에 '에'모음으로 다시 소리를 연결하여 내며 마지막으로 다섯 모음을 스타카토로 음정을 끊어 불러 본다.

호흡과 근육을 함께 조절해야 하며 '아, 에, 이, 오, 우'의 모음을 부를 때 입술에 과도한 힘을 주어 발음을 하기보다는 입안과 혀를 이용하여 소리를 낸다.

연습 초기 단계에서는 스타카토를 할 때 배 근육을 많이 튕기듯 움직이며 연습하기도 하지만 연습이 진행 되면서 무리한 움직임은 점차 줄이고 자연스럽게 움직일 수 있도록 한다.

각 성부별 연습 음정

연습 시작 일:

연습 중 잘 되는 부분:

연습 중 잘 안 되는 부분:

질문할 내용:

어떤 분야에서든 유능해지고 성공하기 위해선 세 가지가 필요하다.
타고난 천성과 공부 그리고 부단한 노력이 그것이다. - 헨리 워드 비처 -

7) 벨팅(진성) 소리 연습

연습 22) Track 22

여성들의 진성을 잘 내기 위한 연습 방법으로 트웽 (Twang) 연습법이라고도 한다.

진성으로 고음을 부를 때 소리가 나가는 위치가 입 아래로 떨어진다거나 과도하게 입을 벌려 턱이 너무 아래로 내려가면 오히려 진성이 잘 나지 않는다.

진성도 충분한 공명이 필요한데 앞서 연습한 방법 중 '이' 모음과 다른 모음들을 연결한 위치를 다시 상기해 보면서 소리 위치를 찾아본다.

'미야−'라는 단어를 하면서 고양이 울음소리처럼 얼굴을 같이 찡그리며 소리를 모은다.

소리를 예쁘게 내지 않아 듣기 싫은 소리(Ugly Sound)처럼 들리지만 모아진 소리를 미간과 코 앞쪽으로 소리를 보내면서 불러보면 진성 연습에 효과적이므로 노래를 부를 때 응용해 보도록 하자.

각 성부별 연습 음정

소프라노　　　　　알토

연습 시작 일:

연습 중 잘 되는 부분:

연습 중 잘 안 되는 부분:

질문할 내용:

진실하며 권위 있는 예술가는 예술의 진실성을 찾기 위해 부단히 노력한다.
반면, 본능에 의지하는 무법상태의 예술가는 자연스러움만을 좇는다.
전자는 예술의 정점에 이르며, 후자는 바닥으로 떨어지기 마련이다. - 요한 볼프강 폰 괴테 -

연습 23) Track 23

반음씩 음정이 움직이며 위 연습과 마찬가지로 소리를 최대한 앞쪽으로 붙여서 내는 연습법이다.

Ugly Sound처럼 소리를 모으며 '미'를 이용하여 변화되는 음정의 위치를 최대한 연결되도록 불러본다.

미 –

각 성부별 연습 음정

소프라노   알토

연습 일지 노트

연습 시작 일:

연습 중 잘 되는 부분:

연습 중 잘 안 되는 부분:

질문할 내용:

희망은 어둠 속에서 시작된다. 일어나 옳은 일을 하려 할 때, 고집스런 희망이 시작된다.
새벽은 올 것이다. 기다리고 보고 일하라. 포기하지 말라. – 앤 라모트 –

벨팅(Belting) 연습시 주의할 점(Tip)

벨팅과 진성을 같은 말로 쓰기도 하지만 더 구분을 해보자면 진성으로 부르는 여성의 곡에서 일반적으로 노래의 클라이맥스에서 음정을 강하게 부를 때를 말하며 많은 에너지를 필요로 한다.

1. 목소리가 허스키해지거나 거칠어질 때에는 과감히 연습을 중단하고 휴식 시간을 갖는다.
2. 노래를 한 곡을 부를 때 노래 시작부터 끝까지 너무 강하게 부르면 중요한 음정을 강조할 수 없으므로 중요한 음정을 위해 힘의 강약을 조절하면서 부른다.

3. 어린 학생들의 경우 변성기가 되었을 때에는 너무 오랜 시간 부르지 않도록 주의한다.

4. 오페라, 성악, 교회 합창 같은 두성을 많이 써야 하는 클래식 창법의 노래를 불러야 할 때는 진성 연습이 목소리에 무리를 줄 수 있으므로 자제한다.

8) 복모음과 단어의 연결

연습 24) Track 24

발성 연습을 할 때 각각의 모음의 연습을 잘 하였다면 이제 문장으로 연습을 해보자. 다음은 간단한 영어 단어와 문장을 이용하여 모음, 단어, 소리의 위치를 한번에 말하듯이 노래하는 연습 단계이다.

Why not? I don't know! 라는 문장을 이용해 연습해 보자.

국제 음성 기호(International Phonetic Alphabet-영어 딕션은 다른 챕터에서 자세히 살펴보기로 하자)의 모음으로 기입해 보면 Why [aːi] not [ɔ]가 있으며 I [aːi] don't [ɔ] know [ɔ ːu]가 된다. 이 연습을 할 때 각 모음들의 위치를 입안에서 자연스럽게 연결하여 올바른 위치에 보낼 수 있도록 하며 충분한 호흡을 하도록 한다. 모음을 부를 때 최대한 밝고 좋은 위치에서 부를 수 있도록 한다.

각 성부별 연습 음정

연습 시작 일:

연습 중 잘 되는 부분:

연습 중 잘 안 되는 부분:

질문할 내용:

You see things; and you say, "Why?" But I dream things that never were;
and I say, "Why not?" 사람들은 존재하는 것들을 보며 "왜지?"라고 말한다.
나는 존재한 적이 없는 것들을 꿈꾸며 "왜 안돼?"라고 말한다. – 조지 버나드 쇼 –

9) 뮤지컬에 사용되는 실용음악 스케일

스케일 연습은 모든 모음과 자음을 이용하여 자유롭게 연습하며, 박자의 강세를 표현 하는 데 집중하도록 한다.

연습 25)

마 – – –

워 – – –

연습 26)

'마메미모무' 외에 첫 음절의 악센트에 '워'를 이용하여 불러본다.

연습 27)

워–　워–　워–　워–　워–　　워–　워–　워–　워–　워

연습 28)

반음씩 UP

하 - - - - -　　하 - - 하

연습 29)

'하', '워' 등을 이용하여 소리를 내고 짧은 16분 음표의 소리를 정확히 낼 수 있도록 반복하여 연습한다.

연습 30)

블루스 스케일 연습으로 앞서 음악 이론에서 설명한 블루스 스케일의 기본 음정을 익힌 후에 연습한다.

블루스 스케일

du　dn　du　dn　du　dn　du　　du　dn　du　dn　du　dn　du

연습 31)

(1) 스윙 리듬의 기본 연습

길게   짧게

du   du   dn

두   두   든

(2) 스윙 리듬 시퀀스

(3) 스윙 리듬 시퀀스 응용

각 마디에 '두두든' 음절로 연습하여 본다.

For Self Practice!

책 뒷면에 있는 CD를 이용하여 Track 1번부터 24번까지의 스케일을 혼자서도 연습할 수 있다.

For Teachers!

위의 개인 발성 연습도 단체에 적용할 수 있으며 개인별 발성 연습이 끝나면 단체 합창 연습을 위한 발성법으로 다양하게 활용할 수 있다.

10) 합창 연습

⑴ 레가토를 이용한 돌림 노래 형식

여기서 레가토(Legato)란 음정과 음정을 부드럽게 이어서 부르는 기법으로 호흡 연습과 음정 연습을 동시에 할 수 있다. 처음엔 단체로 같은 음정을 노래하며 [a] 모음을 이용하여 시작할 수 있고 때에 따라 다른 모음을 적용하여 연습할 수 있다.

연습 방법:

a. 음정을 익힌 후에 단체를 목소리 파트와 상관없이 골고루 섞이게 하여 A, B, C 세 그룹으로 나눈 후에 첫 번째 파트를 A 그룹이 먼저 첫 번째 마디를 시작하고 두 번째 마디를 시작할 때 B 그룹이 첫 번째 마디를 새롭게 시작한다. B 그룹이 두 번째 마디를 시작할 때 C 그룹이 첫 번째 마디를 시작하고 끝까지 노래를 부르면 돌림 노래 형식의 하모니가 만들어지며 시작한 순서대로 연습곡을 마치게 된다.

각 그룹은 음정이 다른 그룹을 따라가지 않도록 주의하며 각 그룹별로 소리를 모으고 하모니가 잘 이루어질 수 있도록 하면 아름다운 하모니가 만들어질 수 있다.

템포를 빠르게 또는 느리게 변화를 주면서 호흡 조절 연습을 할 수 있으며 라(A) 음부터 시작하여 반음씩 높여가며 부른다.

그룹 나누어서 A, B, C   1. Tempo 바꿔서 빠르게 / 느리게 / 호흡 길이 다르게

마-

b. 돌림 노래

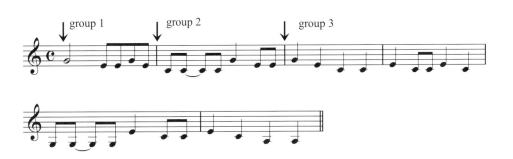

(2) 파트별 하모니 연습

연습 방법:

a. 파트별로 세 그룹으로 나눈 후에 세 그룹이 동시에 반음씩 음정을 유추해 가면서 불러본다. 도(C)-알토와 베이스, 미(E)-메조소프라노와 바리톤, 솔(G)-소프라노와 테너 모든 파트가 동시에 화음을 내면서 호흡과 소리를 최대한 유지하면서 부른다. 각 모음을 이용하여 반음씩 높여가면서 부른다.

처음엔 음정을 찾아가는 것이 어려울 수 있지만 노력을 하다보면 음정을 찾는 흥미 있는 연습 방법이 될 수 있다.

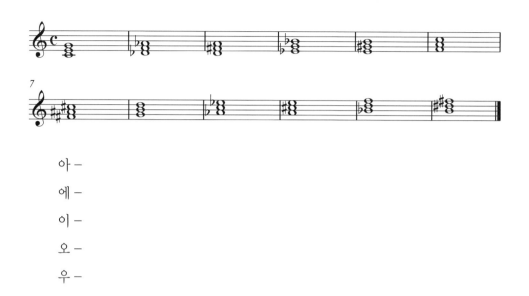

아 –

에 –

이 –

오 –

우 –

b. 소프라노와 테너, 바리톤과 메조소프라노, 알토와 베이스의 세 그룹으로 나누고 낮은 음정부터 소리를 내고 화음을 쌓아가는 연습이다.

우선 베이스와 알토가 첫 번째 파트를 시작하고 음정을 끌고 있으면 메조소프라노와 바리톤, 테너와 소프라노 순서로 정해진 화음을 내면서 소리를 내고 마지막 파트는 각자의 화음으로 같이 소리내며 앙상블을 만든다. 서로의 화음을 듣고 모음을 연습하는 방법이다. 앞서 말한 ㄹ, ㅁ, ㄴ [l, m, n] 자음과 '이아[i, a]' 모음을 이용해 미, 마 발음으로 연습한다.

미메미메미   미메미메미   미메미메미   미메미메   미

c. 4파트

d. 5파트

e. 음가에 맞는 모음과 가사를 활용하여 연습해 보자.

(3) 음정과 리듬

연습 방법:

'도레미파솔' 음정에 숫자를 대입하면 1.2.3.4.5가 되며 이 숫자로 음정을 부르면서 숫자가 익숙해지면 숫자를 하나 또는 두 개씩 빼가면서 리듬을 느끼며 노래한다.

전체 스케일을 반음씩 올라가면서 부른다.

예) 숫자 3을 빼고 나머지는 다 부른다. 2와 4, 또는 1과 3을 빼고 불러 본다.

번호 순차적으로 빼면서 반음씩 올라간다

(4) 합창 단선율 발성

a. Hello, how are you? 문장을 말하듯 노래하며 음정이 하행 될 때 호흡이 한 번에
소진 되지 않도록 연습한다.

He – – llo   How Are You

[he – lou]   [ha–u a ju–]

b. 슈이슈이

슈이 슈이 슈이 쇼 – – – – – – 샤 – – – – – 아 – – – –

c. 단선율 연습은 '아에이오우' 의 모음과 자음의 응용으로 연습 할 수 있다.

d.

e.

f.

g.

h.

i.

j.

음 우 아 에 이 오 우 – – – –

k.

l. Mandoline and Stretch

만돌린과 스트레치는 노래 연습 중에 혀뿌리와 성문을 주관하는 근육을 이완시키는 연습으로 혀를 입술 밖으로 내 빼었다 넣었다를 반복하며 음정을 낸다. 숨을 마실 때에 는 최대한 혀를 길게 입술 밖으로 빼내어 이완시켜준다.

알기 쉬운

뮤지컬
가창 실기

Chapter 4

뮤지컬 가사의 영어 발음

국내 뮤지컬 공연은 모두 우리말로 번역해서 부르는데
왜 영어 가사까지 알아야 하나요?

 뮤지컬 영어 가사를 공부하면 한국말로 번역되지 못한 부분까지 알 수 있어
원곡의 의도를 더욱더 잘 파악하고 노래를 부를 수 있습니다.

요즘 대학 캠퍼스는 예전과 다르게 빠르게 변화하고 있다. 그 대표적인 변화는 글로벌(Global)이라는 단어로 응축할 수 있는데 유학을 떠나던 시절에서 이제는 많은 외국 유학생들이 한국의 대학에서 그들의 꿈을 위해 공부하고 있다.

영어 강의는 장단점이 있고 학생들이 어려워하는 부분도 있을 수 있지만 수강하는 학생들의 수준을 고려해 한국어와 병행을 하면 유용한 뮤지컬 수업의 형태를 만들 수도 있다.

국내에서는 해외 뮤지컬을 우리말로 번역해서 부르는데 굳이 왜 '뮤지컬 영어 가사' 라는 챕터를 넣게 되었을까 하는 의문이 생길 수 있을 것 같다.

첫 번째 제일 큰 장점을 말하자면 한국어 가사와 영어 가사를 모두 배우고 불러 보면서 원어가 갖는 의미와 한국어로 번역되어 부를 때의 차이점을 배울 수 있다.

두 번째로는 올바른 영어 발음을 배움으로써 영어 가사를 부를 때 노래 표현을 좀 더 효과적으로 할 수 있다.

세 번째로 영어 발음을 잘 알고 부르면 불필요한 입술의 움직임이나 긴장을 감소시킬 수 있다. 이러한 방법들을 학습하고 한국어 가사로 노래를 부를 때도 불필요한 힘이 들어가지 않도록 연습한다.

일단 정확한 영어 발음을 습득하고 나면 모르고 부를 때와는 전혀 다른 부분은 이해하게 될 것이다. '아는 만큼 보인다' 라는 말처럼 저자가 과거 유학시절에 그랬듯이 독자들도 그러한 차이점을 느끼길 바라며 이번 챕터를 준비해 보았다.

또한 요즘 한국은 해외 라이선스 공연을 수입하여 공연 할 때 해외 연출가, 음악 감독 등이 직접 오디션을 주관하고 캐스팅이 된 후 연습과정에서도 직접 한국 배우들을 트레이닝 한다. 물론 통역도 있기 때문에 의사소통의 어려움은 없지만 배우가 직접 해외 스태프들이 요구하는 뉘앙스를 느낄 수 있다면 더 좋을 것 같다. 한국 배우들의 기량이 해외 배우들을 능가하는 요즘, 영어를 두려워하지 않고 조금만 더 노력한다면 우리의 배우들이 해외 나가 오디션을 보는 시기도 더 앞당겨지지 않을까!

영어 딕션은 세계적으로 IPA 즉, 'International Phonetic Alphabet' 이라 하여 국제 음성 기호를 공통적으로 사용한다. 클래식 음악도 팝음악도 모두 IPA를 이용하며 영어 사전의 단어 옆 괄호 안에 있는 발음 기호를 말한다.

1. 소리의 구성

소리는 모음과 자음으로 이루어지며 모음은 단모음과 복모음으로 나뉘고 그 외의 것들은 자음이라 할 수 있다. 아래 내용을 통하여 꼭 알아둬야 하는 내용들을 위주로 정리해 보았다.

우리는 영어 가사로 노래할 때 가사만 보고 노래하거나 누군가가 부른 것을 듣고 부르기도 한다. 단어의 발음 기호를 일일이 찾아서 적어가며 부르는 일은 귀찮고 어색한 작업일 수도 있다. 영어는 이태리어나 라틴어처럼 보이는 대로 읽을 수 있는 것이 아니라 발음 기호를 알아야 올바르게 읽을 수 있다.

예를 들어 Hope(희망)라는 단어는 '호프'라고 읽지만 발음 기호 없이 그대로 읽으면 '호페'가 된다. 따라서 사전에 있는 발음 기호를 찾아 정확한 발음을 하도록 한다.

또한 우리가 알고 있는 '아, 에, 이, 오, 우 [a e i ɔ u]'의 모음이 한 가지가 아니라는 것을 안다면 영어 사전을 보고 싶은 궁금증을 버릴 수 없을 것이다. 장모음과 단모음을 충분히 익히고 노래를 부를 때 응용을 하는 것이 중요하다.

2. 모음

아래의 내용은 '모음 삼각형(Vowel Triangle)'이라 하며 모음의 구조를 나타낸 것이다. 모음 중에 주목해야 할 것은 그림을 보면 '이, 우, 에 [i u e]' 발음이 두 개의 다른 발음 기호로도 표기되어 있는 것을 알 수 있다.

각 모음과 '이-이[i - I]', '우-우[u - U]', '에-애[e - æ]'의 차이점을 알아보자.

모음 삼각형의 위쪽은 입모양이 좁고 소리가 닫힌 모음이며, 아래로 내려갈수록 입모양이 열리고 소리는 열린 모음이 된다.

모음 트라이앵글

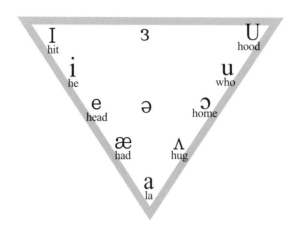

모음은 밝고 아름답게 불러야 한다. 영어의 모음은 9개 '아[a], 에[e], 이-[i], 오[ɔ], 우-[u], 어[ʌ], 애[æ], 이[I], 우[U]' 가 있으며, '이, 우[i, u]' 2개의 닫힌 모음(Closed Vowel)과 7개의 열린 모음, 그 외 '으' 와 '어' 의 중간 발음인 [ə][ɜ]가 있다.

'이-, 우-[i , u]' 는 발음을 할 때 닫히고 좁힌 소리(Closed)로 모음을 길게 끌어준다.

'이, 우[I, U]' 는 발음할 때 열린 소리(Open)로 짧게 소리 낸다.

'에[e]' 는 우리가 편히 발음할 수 있는 소리로 우리말 발음으로 [ㅔ]라고 소리 내며 '애[æ]' 와 구별하여 발음을 하는 것이 중요하다.

한국어에 없는 [æ], [ㅐ] 발음을 어떻게 해주느냐에 따라 얼마만큼 정확히 영어 공부를 하고 습득이 되었는가가 판가름되기도 한다. [æ]발음은 '에[e]' 소리를 내어주되 '아[a]' 발음이 함께 들려야 하는 고난위도의 발음이며 영어 모음의 핵심이라고 할 수 있다.

'애[æ]' 발음은 거의 '아[a]'에 가까운 소리를 내야하며 소리가 나가는 위치도 '아[a]'에 가까운 쪽에서 밝게 소리 낸다.

모음의 비교

	[a]	[e]	[æ]	[ɔ]	[U]	[u]	[I]	[i]	[ʌ]	[ɜ]
b	bar	bed	bad	Bob	book	boo	bit	bee	bug	bird
d	dark	den	dad	dog	–	do	dip	deep	dumb	dirt
f	fa	fed	fad	fog	foot	fool	fill	feel	fun	first
h	ha	head	had	hot	hood	who	hit	heat	hug	her
j	jar	jello	jam	job	–	June	Jill	jean	jug	jerk
l	la	led	lad	log	look	loot	lip	leap	love	learn
m	ma	met	mad	mob	–	moo	mix	me	mug	murder
n	na	neck	nap	knob	nook	new	nick	knee	none	nerd
p	pa	pen	pad	pot	put	pool	pin	pea	pun	pearl

그 외에 복모음(Diphthong)이라 하여 한 단어에 두 개의 모음이 조합되어 있는 것을 말하며 앞에 있는 모음을 더 길게 발음한다. 노래할 때에는 5개의 복모음만 사용한다.

복모음의 예)

[aːi] night

[eːi] day

[ɔːi] boy

[aːu] how

[ɔːu] no

3. 자음

자음이란 목소리가 나올 때 입술이나 혀, 이 등의 장애를 받으며 나오는 소리로, 모음은 모두가 유성(성대가 울려서 나는 소리)인데 반해서, 자음은 유성음과 무성음으로 나눌 수 있다.

무성음(Unvoiced) : 조음할 때 성대(목청)의 울림을 수반하지 않거나 유성음보다 덜 울리는 소리이며 안 울림 소리라고도 한다.

프[p], 트[t], 크[k], 프/흐[f], 쓰/뜨[θ], 스[s], 쉬[ʃ], 취[ʧ]

유성음 (Voiced) : 조음할 때 성대 (목청)을 떨며 울리며 내는 소리이다.

모든 모음과 무성음을 제외한 모든 자음.

예) 즈[z], 드[ə]

알파벳에 없는 발음 기호 : 어/어[ə], 애[æ], 어[ʌ], 오[ɔ], 에[ɛ], 쓰/뜨[θ], 드[ə],
쉬[ʃ], 지[ʒ], 취[ʧ], 쥐[ʤ], 응[ŋ], 으/어[ɜ]

파열음(hard) ⋯ 입안의 공기가 터지듯 나오는 소리
예) 프[p], 트[t], 크[k], 그[g]

마찰음(soft) ⋯ 입안의 공기가 혀나 이, 잇몸에 부딪히며 나는 소리
예) 스[s], 쉬[ʃ]

자음 발음 기호

알파벳(Alphabet)	IPA 기호(IPA Symbol)	단어(Word)
soft c	[s]	face
hard c	[k]	cat, cane
ch	[ʧ]	chip, church
d	[d]	dude
f	[f]	fee
soft g	[ʒ]	Asian, beige
hard g	[g]	god
h	[h]	hope
j	[ʤ]	joy
k	[k]	bake, kick
l	[l]	laugh
m	[m]	man, mom
n	[n]	new
p	[p]	puppy
q	[kw]	quick
r	[r]	red
unvoiced s	[s]	silver
voiced s	[z]	has
sh	[ʃ]	she
t	[t]	tiger
unvoiced th	[θ]	bath
voiced th	[ð]	these
w	[w]	wood
x	[ks]	fix
y	[j]	yes
z	[z]	zoom, lazy

알기 쉬운
뮤지컬
가창 실기

Chapter 5

뮤지컬 음악의 분석과 연주

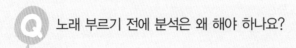

A 뮤지컬 작품 속 인물의 캐릭터와 곡의 목표를 정확히 표현하려면

음악 분석이 꼭 필요합니다.

1. 뮤지컬 작품 분석

뮤지컬 노래 부르기에 앞서 배우는 작품을 구조와 양식을 분석하고 배우 자신의 해석을 할 수 있도록 한다.

작품 분석은 아래의 10단계로 나누어 세밀하게 분석한다.

1) 첫인상 정리

2) 줄거리 정리(Synopsis)

3) 주제 정리(Theme)

4) 초목표(Super-objective or Spine)

5) 장면 나누기 및 목표 찾기

6) 주어진 환경 분석

7) 인물 분석 및 목표 찾기

8) 대사 분석

9) 음악 분석 - The Six Steps

10) 작가, 작곡가 및 작품 연구

뮤지컬 작품 분석

거시적 관점

1) 첫인상 정리

첫 인상이란: 대본을 한번 읽는 것이 아니라 거듭 반복하여 읽고 난 뒤 남게 되는 분명하고 강렬한 인상(Image).

이렇게 남은 인상을 기초로 정돈하면서 작품을 만들어 갈 수 있다. 첫 인상은 인상(Image)정리이기 때문에 논리적이지 않아도 되며 글, 그림, 사진 등 다양한 방식으로 정리 할 수 있다.

첫인상 정리 시 유의 사항:

첫째로 작가나 작곡가에 대한 편견을 갖고 접근 하지 않기 위해 첫인상이 확고해지기 전에 작품이나 작가, 작곡가 연구를 미리 하지 않는다. 두 번째로 제작비나 작업 환경에 구애 받지 않도록 모든 상황을 배제한다. 세 번째로, 장르의 선입견을 없앤다. 마지막으로 대본을 읽으면서 전체 앙상블을 보지 못하고 자신이 하고 싶은 역할에 치우치지 않도록 객관적으로 인물을 파악한다.

첫인상 정리는 긍정적인 부분, 부정적인 부분 모두 적을 수 있으며 이렇게 정리한 것 내용을 전체 작품 목표와 장면(plot)에 관한 아이디어, 작품의 양식(style)이나 분위기, 인물(character)에 관한 인상으로 크게 세 부분으로 나누어 정리해본다. 이 과정은 작품의 스타일, 분위기, 인물의 성격에 대한 첫 느낌으로 연출 콘셉트를 잡는 데 매우 유용하다. A4 반장 또는 3분의 2정도 분량이 적당하다.

2) 줄거리 정리

줄거리 정리란 인물간의 상호관계에서 만들어진 사건들 즉, 에피소드들이 어떻게 정리되어 배열되어 있느냐를 보여주는 것이다. 자신이 해석한 관점으로 줄거리를 이끌어 나간다. 아무리 작은 역할이라도 에피소드를 이끌어 가는 주인공이 될 수 있기 때문에 소홀히 하지 않는다. 줄거리를 정리하면서 인물과 사건에 대한 해석의 관점을 공유한다. 논리적으로 사건을 정리하고 인물들 간의 관계를 일목요연하게 정리한다.

에피소드 〈 플롯 〈 줄거리(이야기)

3) 주제 정리(Theme)

주제는 논쟁의 여지가 없는 보편적인 용어로 표현된 작품의 중심 사상으로 '추상적 콘셉트(abstract concept)' 이다. 작품의 목표와 행동에 의해 사건을 이끌어 가는 구체적인 내용이라기보다는, 작품을 통해 작가가 전달하고자 하는 메시지라고 할 수 있다. 주제는 해석 관점에 따라 한 가지 이상도 될 수 있지만 일단 줄거리에 입각한 주제를 정한다. 그러나 주제 해석을 통해 주제가 바뀌면 줄거리 또한 주제에 입각한 내용으로 다시 작성해야 한다.

예를 들어 '로미오와 줄리엣'의 작품 콘셉트를 나타내는 주제 단어는 사랑, 복수, 죄책감 등 해석 관점에 따라 여러 단어가 포괄 될 수 있다. 따라서 주제 단어들을 정리한 후 주요 주제를 선택하고 한 문장으로 정리한다. 여기에서 주제는 '위대한 사랑은 죽음조차 막을 수 없다' 라는 문장으로 표현할 수 있다.

4) 초 목표(Super-Objective)

초 목표란 스타니슬랍스키의 이론으로 '작품 시작에서 끝까지 모든 인물들의 목표가 직·간접적으로 일관되게 모여지는 종합적인 하나의 목표'를 일컫는다.

즉 다시 말하면, 작품 시작에서 끝까지 모든 장면마다의 사건과 인물이 얽히면서 나타나는 작품 전체의 관통선이 되는 객관적인 목표이다. 추상적이거나 관념적인 내용은 작품의 방향성이 모호해 질 수 있기 때문에 앞서 설명한 보편적 주제와 혼동하지 않도록 하며, 2-3줄로 축약하여 구체적이고 명쾌하게 표현한다. 초 목표 또한 관점에 따라 여러 방향으로 볼 수 있으나 연출의 콘셉트를 반드시 하나로 정하고 배우들의 능동적인 분석을 통하여 공유한다.

초 목표는 '-하기 위하여-하는 것', '-to verb-in order to-' 로 작성한다.

초 목표는 세 단계로 나누어 설명할 수 있다. 첫 번째로 개인적인 관계, 두 번째로 정치 사회적인, 마지막으로 더 넓은 의미의 관점으로 찾을 수 있다. 연출과 배우는 초 목표의 기준이 무엇이 되었든지 간에 작품에 내재되어 있는 충분한 정보를 통하여 초 목표를 찾고 소통해야 한다.

예) 미스 사이공-베트남 전쟁의 폐허 속에서 남겨진 (킴과)사람들이 자신의 삶을 되찾고 신념을 지켜내려는 처절한 저항과 좌절의 애환을 그린 비극.

미시적 관점

5) 장면 나누기 및 장면 목표 찾기

초 목표를 정한 후에는 장면을 나누고 분석을 통해 목표를 찾아야 한다. 목표를 찾은 후에도 분석을 계속해야 하며, 분석은 한번 해서 끝나는 것이 아니라 작품이 올라가는 순간까지 지속적으로 하여 한계를 넘어서야 한다. 그러면 또 다른 해석 관점이 생기게 되고 정해진 희곡 안에서 새로운 변화가 생기게 된다.

⑴ 장면을 나누려면 대본 구조의 이해가 필요하다.

뮤지컬은 통합 뮤지컬과 콘셉트 뮤지컬의 큰 범주로 나뉘고 각 양식은 극 구조의 극명한 차이가 있다. 통합 뮤지컬은 연극의 아리스토텔레스적 구조를 따르며 기승전결이 있는 선형적 흐름을 지향한다. 콘셉트 뮤지컬은 브레히트의 서사극 요소와 맥락을 같이 하며 각 장면의 이야기가 파편화 또는 나열되어 있다. 즉, 장면이 연쇄적으로 연결 된다기 보다는 각각 독립된 장면으로 직접적인 개연성이 떨어진다. 그 장면 자체로서 주요 목표가 있으며 장면마다 기승전결이 있다. 콘셉트 뮤지컬의 이러한 기존 형식에 대한 파괴는 작품을 더욱 극적인 형태로 만들기 위해 발전해온 과정이며 브레히트의 서사극 또한 그러한 과정에서 출발했다고 볼 수 있다. 또한 1970년대 이후 통합 뮤지컬과 콘셉트 뮤지컬 양식이 결합된 절충주의 뮤지컬 양식도 대두된다.

구조에 따라 장면을 나눈 후에는 장면 목표를 정리한다.

통합 뮤지컬

아리스토텔레스적 구조

선형성(Linearity), 기승전결

인과 관계

VS

콘셉트 뮤지컬

브레히트 서사극

선형성 파괴. 소외효과

파편화(Fragmented)

6) 주어진 환경 분석

a. 시간/장소(Time/ Place)

각 막(Act)과 장(Scene)마다의 시간/장소가 어떻게 변화되고 흘러가는지 도표로 정리한다.

예) 미스사이공–1975년 4월 30일 금요일 밤 추정

b. 사회적 환경(Social Circumstance)

작품에서 표현되고 있는 가족 관계, 주변 인물, 사랑하는 사람들과의 관계 등 작품 속에 연관되어 있는 인물들의 관계도를 작성한다.

질문:

1. 사회적 계급, 그 사회의 어떤 계급이 주를 이루고 계급은 어떻게 나뉘어 있는가?

2. 그 사회의 규범, 그 사회적 규범이 작품을 지배하는가?

3. 어떤 계층이 규범을 집행하고 영향을 미치는가?

c. 경제적 환경(Economic Circumstance)

작품의 시대를 대표 하는 경제 사조가 무엇인지 파악한다.

예) '세일즈맨의 죽음' 은 자본주의가 작품 전체를 이끌어 가고 있다.

질문:

1. 경제가 극중 인물들의 삶을 얼마나 지배하고 있는가?

2. 경제적인 성공은 어떠한 보상을 주는가?

3. 실패한다면 어떤 결과를 초래하는가?

d. 정치적 환경(Politics and Law)

작품속의 정치와 법, 정치적인 의식 흐름을 파악한다.

예) '올슉업' 에서 악법이라 하여도 정숙법을 어겼을 때 마을 사람들이 감금될

　　위기에 처한다.

질문:

1. 독재인가, 민주주의인가?

2. 정치적 활동들의 예가 있는가?

3. 정치적 성향이나 법이 인물들에게 영향을 주는가?

4. 정치적 상황을 따랐을 때 어떠한 보상이 있는가?

5. 실패시 어떠한 결과를 초래하는가?

e. 문화와 지성(Culture and Intellect)

작품 속 사회를 이끄는 문화와 지적, 교육적 가치관

예) 뮤지컬 '모차르트'에서 귀족은 자신의 부와 명예를 나타내기 위해 클래식
    음악가를 후원한다.

질문:

1. 사회의 교육 수준은 어떠한가?

2. 교육이나 예술의 예가 있는가?

3. 어떤 인물이 교육을 받았는가?

4. 교육가 문화가 삶을 좌지우지 하는가?

5. 그 것을 순응 하였을 때 어떠한 보상이 있는가?

6. 실패시 어떠한 결과를 초래하는가?

f. 영성, 종교(Spirituality)

작품 속에 내재되거나 드러나 있는 종교적 믿음이 있는지 파악한다.

예) '시련'에서 종교적 영향으로 화려한 색감의 의상을 입을 수 없다.

    뮤지컬 '레미제라블'에선 인물들이 신에 대한 각자의 신념에 따라 행동한다.

질문:

1. 종교가 작품 속 사회를 얼마나 지배하고 있는가?

2. 어떤 인물이 영향력을 행사하고 있는가?

3. 어떤 인물을 지배하고 있는가?

4. 그것을 순응 하였을 때 어떠한 보상이 있는가?

5. 실패시 어떠한 결과를 초래하는가?

7) 인물 분석 및 그 장면 속 인물의 목표(objectives, goals) 찾기

– 인물의 목표란 모든 인물의 욕망(desire)에서 출발한다. 각 인물의 욕망이 다르기 때문에 서로 다른 목적을 갖고 그 목적들이 만나 극적으로 고조된다. 극중 인물이 끊임 없이 추구하는 것이 목적이며, 목표는 추상적이거나 복잡해선 안 된다. 또한 기본적인 욕망의 형태로 묘사되어야 한다. 아마추어 또는 프로, 누구나 이해할 수 있는 욕망의 형태로 분명하고 구체적인 동사로 표현 되어야 한다. 스타니슬랍스키는 목적에 대해 다섯 가지 주요 요소를 제안한다.

1) 목표는 '인물이 무엇을 추구 하는지' 에서 찾을 수 있다.

2) 목표는 다른 인물들을 향해야 한다.

3) 목표는 인물의 신체적, 외적인 삶이 아닌 내적인 삶을 표현한다.

   즉 인물 정서의 움직임을 나타낸다.

4) 목표는 극의 중심 사상과 연관 되어야 한다.

5) 목표는 반드시 자신의 의지가 담긴 구체적이고 역동적이 타동사로 정리한다.

   목표를 모호하게 정리했을 경우 연기 또한 명쾌할 수 없다.

   인물의 목표는 '나는 –하기 위하여 –할 것이다'.

   'I want to 〈verb〉 in order to 〈statement of purpose〉' 라고 정리한다.

– 인물의 작품 전체 목표와 장면 목표/(곡 마다의 목표)

장면 위주의 전통적 구조에서 인물의 갈등이 일어나고 사건이 형성된다는 관점으로 인물의 중요성이 부각되었다. 인물 상호간의 갈등에 의해 사건을 만들고 극을 전개 한다. 인물 분석은 무대 위에서 인물이 생동감 있게 보이게 하기 위한 작업으로 내면, 외면적 요소를 다방면으로 분석하여 합당한 인물을 구축해야 한다.

배우는 인물이 행동(action)을 유발할 수 있는 '내면 동기'를 찾아 구체적이고 역동적으로 표현해야 한다. 즉, 내면에서 움직이는 모습이 외형적으로 표현되는 것이 행동이라고 할 수 있다. 이러한 내적 욕구가 외적 행동으로 일치되어 연결된 것을 '극적행동(dramatic action)'이라고 한다. 주요 배역이 아닌 부차적 인물의 경우는 인물이 등장하는 장면의 인물들과의 관계에서 목표를 찾아야 할 것이다.

예) 콘셉트 뮤지컬 컴퍼니의 경우

Pivotal Character/Protagonist: 중심인물, 주인공

1. 중심인물은 필수적으로 성패가 달린 중요한 그 무엇을 꼭 갖고 있다.

2. 중심인물은 사건과 행동을 이끈다.

3. 중심인물 반드시 긍정적 인물일 필요는 없다. 부정적일 수도 있으며 공격적, 비타협적, 또한 무자비하기까지하다.

4. 중심인물은 자신의 의지와 상관없이 상황이 주인공 자신을 그렇게 되도록 이끌어 간다.

5. 희곡의 추진력이 되며 능동적 액션으로 이끌어 나가는 인물이다.

The Antagonist, 적대자, 반대 인물

1. 필수적으로 주인공에게 반대되는 인물이다.

2. 주인공을 향해 무자비하게 돌진한다.

3. 주인공만큼 강하고 무자비하다.

4. 주인공과 비주인공은 서로에게 강력한 적이다.

8) 대사 분석

알기 쉬운 뮤지컬 가창 실기 Chapter 5

9) 음악 분석

The Six Steps – 알기 쉬운 뮤지컬 가창 실기 Chapter 5

10) 작가, 작곡가 및 작품 연구

2. 뮤지컬 곡의 극 기능

1) 아이엠송(I am song): 인물의 성격이나 태생 등의 정보 제공

– 위키드(Wicked), 글린다의 'Popular' – 인기 많은 것에 대한 당연함, 자애심, 발랄한 성격

– 모차르트(Mozart),쉬카네더 '나는 쉬카네더' – 노래 제목 자체가 인물을 소개하고 있으며, 자신감, 익살스러움, 자신이 쇼의 최고 배우라고 소개

– 코러스라인(Chorus Line), 발레리의 'Dance ten look three' – 자신감 있는 자신의 인생 가치관을 소개, 자부심

2) 아이원트송(I want song): 인물의 바람이나 소망

- 렌트(Rent), 콜린의 'Santa fe' – 산타페에 가서 식당을 차려 사는 소박한 꿈

- 지킬앤하이드(Jekyll and Hyde), 루시의 'Someone like you' – 간절한 사랑에 대한 바램과 루시에 대한 과거에 대한 정보를 알려줌(I want/I am song)

- 미스사이공(Miss Saigon), 엔지니어 'If you want to die in bed' – 비자를 만들어 베트남을 벗어나 미국에 가고 싶은 욕망과 염원

3) 감정 정점의 노래(Emotional climax song): 인물의 고통이나 사랑의 감정 고조. 이 유형은 후에 설명할 노래를 통해 등장인물이 어떠한 결론을 내려 중요한 액션(Action)으로 연결하는 드라마틱 액션 송(Dramatic action song)'과 구별하여야 한다.

- Love Never Dies, 팬텀의 'Till I hear you sing' – 크리스틴이 없는 고통 속에서 그녀가 돌아오길 바라며 사랑하는 연인에 대한 그리움을 표출

- 레미제라블(Les Miserables), 판틴의 'I dreamed a dream' – 지나간 꿈에 대한 자신의 이야기와 지난 날에 대한 그리움으로 현재 판틴의 정서 상태

- 웨스트 사이드 스토리(West Side Story), 토니와 마리아의 'Tonight' – 마리아와 토니의 사랑의 정점

- 모차르트(Mozart), 모차르트의 '왜 나를 사랑하지 않나요' – 아버지의 이해와 사랑을 온전히 얻지 못하고 있다는 것에 대한 고통의 정점

- 지킬의 'Alive, Transformation II', 실험을 통해 하이드로 변한 지킬이 주체할 수 없는 힘과 충동으로 살아있음을 노래

4) Comic song: 관객의 시선을 집중시키는 Show Stopper, 심각한 상황에서 환기가 되는Comic relief의 기능이 있다. I am song과 같은 맥락이며 개성이 강한 조연

캐릭터가 주를 이루며 흥겨운 분위기를 이끈다.

　　– 모차르트, 쉬카네더의 '나는 쉬카네더'

5) 드라마틱 액션 송(Dramatic action song): 뮤지컬에서 주인공(또는 안타고니스트)들이 어떠한 목적을 위해 결론을 내리는 과정을 보여주며, 결론을 내리기 위해 고심하고 갈등하게 된다. 이 노래를 통해 주인공은 이전과는 다른 선택을 하고 앞으로 벌어질 사건들을 빠르고 긴장감 있게 이끄는 주요한 시점이 된다. 따라서 등장인물들은 노래를 통해 각자의 욕망에 따라 심리적 변화를 이끌거나, 또는 물리적인 액션을 선택하고 각기 다른 목적을 달성하기 위해 갈등하고 고군분투하게 된다. 강한 동기와 의지가 내포되어 있으므로 오디션 레퍼토리로 적합하다.

　　– 스위니토드(Sweeney Todd)의 러빗부인과 토드의 'A little priest'

　　– 스위니 토드에서 토드의 'Epiphany', 지킬 앤 하이드(Jekyll and Hyde)에서
　　　지킬의 'This is the moment', 미스사이공에서 킴의 'I'd give my life for you'
　　　등이 있다.

6) 액션 앙상블(Action Ensemble): 여러 인물들의 사연을 담은 노래로 사건을 전개하거나 결론을 내어주는 중창 또는 앙상블 장면을 일컫는다. 일정한 형식의 합창곡부터 여러 그룹이 동시에 자신들의 이야기를 하는 형식 등 다양하게 구성된다. 장면 제시의 노래(Exposition song, Re-exposition song), 프로덕션 넘버, 피날레(Finale) 등.

7) 또 다른 기능으로 서술의 노래, 사색의 노래, 은유의 노래가 있다.

사색의 노래: 무대 위 사실적 사건이 아닌 자신의 생각을 노래한다.

- 컴퍼니의 'Being Alive' 주인공 바비의 인생에 대한 사색을 통해 콘셉트 뮤지컬 의 요소로서 메시지, 콘셉트가 잘 전달된다.
- 헤드윅의 'The Origin of Love', 헤드윅은 어렸을 적 아버지로부터 성추행을 당한 쓰라린 기억들을 떠올리며 동성애자의 비애를 노래한다.

서술의 노래: 내레이터가 무대 위에서 아직 벌어지지 않는 이야기를 객석의 관객에게 직접 제시하는 노래. 정서가 아닌 사건 전달한다.

- 스위니 토드, 합창 'The ballad of Sweeney Tod'에서 합창 코러스는 스위니 토드의 잔인함과 위험성에 대해 경고한다.

은유의 노래: 시간과 공간, 생과 사의 경계를 넘어서 현실적으로 같이 있을 수 없는 인물들이 함께 노래를 부른다.

- 황태자 루돌프 '알 수 없는 그 곳으로', 마리는 자신의 방에서 루돌프는 각자의 공간에서 호감을 느끼는 서로를 생각하며 마음을 확인한다.
- 미스 사이공 'I still believe'에서 킴과 앨런은 각기 다른 공간에서 동시에 크리스에 대한 믿음과 사랑을 노래한다.

3. 뮤지컬 곡의 주요 기법

뮤지컬은 양식에 따라 통합 뮤지컬, 콘셉트 뮤지컬, 절충주의 뮤지컬로 나뉜다. 뮤지컬의 노래 유형은 대사가 음악으로 되어 있는 레치타티보(Recitativo), 레치타티보와 정식노래의 중간 형태인 아리오조(Arioso), 한곡의 완성인 정식 노래가 있다. 그 외 영화기법처럼 장면 사이를 음악으로 채워 작품 전체를 연결해주는 BG(Background),

언더스코어(Underscore), 플레이오프(Play-off)와 대사 중에 흐르는 BG대사가 있다. BG나 언더스코어는 대사를 할 때 연주되기도 하고 장면의 분위기 나타낸다.

1) 레치타티보(Recitativo)

오페라에서 쓰이는 기법으로 대사에 음정이 붙어 있다. 하지만 복잡한 선율(Melody,멜로디)의 흐름이 아닌 한 음정의 반복이나 몇 개의 음정을 단순한 리듬으로 반복하여 말하는 느낌을 준다. 배우에 따라 약간의 박자 변화를 줄 수 있으며, 반복되는 동기나 형식감이 거의 없다.

2) 아리오조(Arioso)

레치타티보와 정식 노래의 중간 형태로서 정식 형식감이 없으나 레치타티보보다 멜로디 감이 있다. 레치타티보 보다는 극적인 전달을 할 수 있다. 음악의 완결성이 없다.

3) 정식노래

구체적인 제목이 있으며 노래의 목표가 분명하며 완성이 높다. 작품 속에서 노래를 통해 표현하고자 하는 기능이 있으며 형식감이 있다. 오페라에서의 솔로 곡을 '아리아' 라고 하며, 뮤지컬 및 음악극에서 솔로 아리아, 중창, 합창처럼 완결성이 있는 모든 노래를 칭한다.

정식노래는 대게 '전주(인트로, Intro)-본 노래-후주(아웃트로,Outro)'의 형식을 갖는다. 여기에서 인트로는 악기 반주의 인트로 이며 인물의 정서와 상황을 나타낸다. 또한 '레치타티보-노래-후주', '아리오조-노래-후주' 의 형식에서는 레치타티보나 아리오조가 인트로 역할을 하고 '대사-레치타티보-노래-후주' 로 연결되기도 한다.

특히 성스루 뮤지컬에서 대사 표현의 기능을 하는 레치타티보와 아리오조는 정해진 틀을 깨고 극을 표현하는 자유로움을 준다.

4) 리프라이즈(Reprise)

리프라이즈는 전에 불렸던 노래가 다시 사용되는 노래로 같은 선율이 사용됨으로써 음악적 통일성을 부여하고 기억할 수 있게 한다. 리프라이즈의 사용은 같은 장면이 어떻게 변화되었는지에 대한 사건의 흐름을 나타낸다. 또한 같은 노래이지만 리듬이나 형식을 변형하여 전혀 다른 상황에 사용되기도 한다.

이는 극적 아이러니를 유발하는데 예를 들어 뮤지컬 '엘리자벳'에서 황제 요제프와 엘리자벳은 1막 초반에 '나를 혼자 두지 말아요' 라는 사랑확인의 듀엣 곡을 부른다. 하지만 2막 후반부에서 이 노래의 제목은 '행복은 멀리에'로 바뀌고, 같은 선율이지만 다른 상황 속 가사를 통해 엇나간 서로의 사랑에 대해 노래한다. 이 리프라이즈를 통해 지난날 두 사람이 사랑했던 장면이 오버랩 되어 관객의 슬픔과 안타까움을 자아내게 된다.

186
·
알기 쉬운
뮤 지 컬
가창 실기

음악 형식 분석 유형 분류: BG(Playoff), BG대사, 전주(인트로), 레치타티보, 아리오조, 정식노래, 후주(아웃트로)

5) 라이트모티브(Leitmotif)

'주도동기' 라고 하며 바그너 오페라의 주요한 장치이다. 최소 음악 단위로서 몇 개의 음정 또는 한 마디가 될 수도 있으며, 바그너는 주도동기를 통하여 사건, 인물, 감정, 상황 등에 대한 복선을 주고 연상시키기 위해 사용하였다. 주도동기는 동시에 여러 개가 사용되기도 하는데 복잡한 상황이나 인물의 심리 나타내는 기능을 한다. 동일한 주도동기들의 반복 및 변형들은 작품 전체의 음악적 통일성을 부여한다. 손드하임은 그의 작품 '스위니 토드'에서 음악과 인물마다의 주제를 부합하고 주도동기를 치밀하게 사용하여 음악과 드라마의 통일성을 부과하였다.

6) 동기(Motive)

선율을 구성하는 최소 단위로서 리듬 동기의 반복과 변형을 통해 나타나는 패턴의 특징적 진행을 파악할 수 있다. 가장 주요한 기능은 기본적인 음악의 콘셉트를 내포한다. 작곡가들은 곡을 만들 때 동기를 만들고 반복과 변형을 통해 특징을 나타내므로 이러한 진행을 파악하는 것이 중요하다.

7) 선율(Melody)

선율은 진행하는 음들의 연속을 이루며 완성도를 갖는다. 뮤지컬에 따라 손드하임의 계산된 작은 동기의 반복보다는 선율 반복의 경우도 빈번히 사용된다. 하지만 단순 선율 반복의 경우 개연성이 떨어질 수 있는 단점이 있다.

4. 뮤지컬 음악 형식

음악 형식(Form)은 음악의 도식적 구조로서 음악을 구성하는 조성, 화성, 선율, 리듬 등의 요소들이 잘 짜여 틀을 이룬 것이다. 주요 음악의 구조 분석으로 하인리히 쉔커(Heinrich Schenker, 1868-1935)에 의해 시작되고 시대를 걸쳐 발전된 쉔커식 분석법이 있으며, 가사가 있는 뮤지컬 음악의 경우 음악 구조 분석 외 요소, 즉 드라마와 가사 및 작품 표현에 수반되는 모든 요소들에 대한 해석적 담론이 함께 동반되어야 한다.

형식 분석은 정식 노래로서의 형식감이 있는

1) 닫힌 형식(Closed form)인 버스 – 코러스(Verse-Chorus), Strophic, AABA

2) 열린 형식(Open form) – 통절 형식(Through-composed)

3) 두 형식이 공존하는 형식의 균형미를 이룬 '절충 된 형식'으로 나누었다.

1) 닫힌 형식

(1) 버스-코러스(Verse-Chorus) 형식

용어 설명

버스(Verse):

다양한 산문적 내용들이 언급되며 리듬과 선율의 사용이 자유롭다.

버스가 Verse 1. Verse 2 등 여러 개가 될 수 있다.

코러스(Chorus):

일정한 선율이 반복되어 음악적으로 잘 외워지며, 버스에서 소개된 사연에 대한 정서적 결과를 나타낸다. 코러스는 Chorus 1. Chorus 2 등 여러 개가 될 수 있다. 코러스 부분은 앙상블이 부르는 경우도 있지만 주인공이 솔로로 부르기도 한다.

브리지(Bridge):

AABA에서 B에 해당하는 섹션이다. A의 사건에 대해 B를 통해 과거를 회상하거나 현실 직면을 하게 하고, 마지막 A로 돌아갈 때는 결론을 얻거나 생각의 전환을 하도록 한다.

프리코러스(Prechorus):

항상 코러스 앞에 나오며 버스와 코러스의 변화를 연결하는 트랜지션의 역할을 한다. 가사와 음악이 새로운 구성으로 환기 되고 조성이 바뀌기도 한다.

AABA 형식에서는 A가 반복되지만, 버스-코러스 형식에서는 산문적 내용의 버스가 아닌 코러스 형식이 반복된다. 이 형식은 버스 섹션을 통해 훨씬 다양한 사연들을 다양한 음악적 변화를 통해 펼칠 수 있다는 장점이 있으며 오늘날 현대 뮤지컬에 자주 사용된다.

a. 버스-코러스(Verse- Chorus) 형식의 예:

뮤지컬 Oklahoma의 'Oh what a beautiful mornin'

버스-코러스(Verse- Chorus)기본형인 A와 B의 반복 형태이다. 2부분 형식이라고도 한다. 커리가 로리의 농장을 찾아가며 부르는 노래로 A섹션은 단순한 리듬과 멜로디로 풍경 묘사의 세부내용을 담고, B섹션은 코러스의 역할로서 반복을 통해 음악적으로 강조되며 정서적 반응을 나타낸다.

버스-코러스/버스-코러스/버스-코러스
A-B / A-B / A-B

버스(verse)

There's a bright golden haze on the meadow

There's a bright golden haze on the meadow

The corn is as high as an elaphant's eye

And it looks like it's climbing clear up to the sky

코러스(chorus)

Oh what a beautiful mornin'

Oh what a beautiful day

I've got a beautiful feelin'

Everything's going my way

버스(verse)

All the cattle are standing like statues

All the cattle are standing like statues

They don't turn their heads as they see me ride by

But a little brown maverick is winkin' her eye

코러스(chorus)

Oh what a beautiful mornin'

Oh what a beautiful day

I've got a beautiful feeling

Everything's going my way

버스(verse)

All the sounds of the earth are like music

All the sounds of the earth are like music

The breeze is so busy it don't miss a tree

And an old weepin' willer is laughin' at me!

코러스(chorus)

Oh what a beautiful mornin'

Oh what a beautiful day

I've got a beautiful feeling

Everything's going my way

Oh what a beautiful day

b. 버스–코러스–브리지–버스– 코러스(Verse–Chorus–Bridge–Verse–
   Chorus)형식의 예;

– My fair lady의 'With a little bit of luck'

두리틀은 친구들과 어울려 조금만 운이 따른다면 '남에게 빌붙어 편안하게 놀면서 살 수 있다'고 즐거워한다. 전형적인 버스 코러스 형식이 예로, 주인공이 버스 섹션을 맡고 주인공을 포함한 전체 코러스가 코러스 섹션을 맡는다. 브리지에서 주변 인물들이 대사를 하지만 화자의 이야기로 돌아간다.

버스/코러스/버스/코러스/브리지/버스/코러스/버스/코러스

– 미스 사이공의 'Why god why?'

버스 섹션이 하나가 아니라 'verse 1, verse 2'의 두개이며, 동일한 멜로디의 코러스지만 내용적으로 바뀐다.

버스1–코러스–버스1–코러스–코러스(상행 전조)–버스2–코러스

버스 섹션과 코러스 섹션 사이에 내용의 환기나 연결을 하는 섹션이 추가되며 코러스 앞에 위치한다. AABA의 B인 브리지와 유사한 기능을 하며, 코러스가 강조되며 음악적으로 버스와 코러스를 연결하는 기능을 한다.

– 지킬과 하이드의 'Dangerous game'

루시가 지킬을 떠올리며 자신의 절망적인 삶이 치유될 수 있을 것이라는 꿈을 꾸고 있는데 그런 그녀에게 하이드가 찾아와 루시를 유혹하기 시작한다. 하이드는 그녀를 강하게 유혹하고, 루시는 극심히 갈등하다 결국 본능에 이끌려 유혹에 넘어가고 위험에 빠져들게 된다.

버스-코러스-버스-프리코러스-코러스

(2) 론도(Rondo) 형식

정한 섹션이 반복되고 그 사이에 다른 섹션들이 나온다는 점에서 버스-코러스 형식과 같지만, 반복 섹션이 먼저 나옴으로써 처음과 끝이 마치 서클처럼 맞물려지는 형태를 띤다는 점에서 구별된다. R을 반복하고 A, B, C 등의 섹션이 일정하게 반복.

R-A-R-A-R-A-R   R-A-R-B-R-C-R-B-R-A-R

A-R-B-R-C-R-B-R-A   A-R-B-R-C-R-D-R-C-R-B-R-A

– 뮤지컬 My fair lady의 'Just you wait' – RaRbR

(3) Strophic 형식

AAA

유절 가곡 형식이라고도 하며 동일한 선율이 반복되며 가사가 비교적 단순하다.

A라는 부분이 계속 반복되는 A-A-A의 형태를 이룬다. 음악은 같은 조성으로 반복되지만, 가사는 규칙적인 리듬 안에서 계속 달라지는 것을 원칙으로 한다. 고대 그리스 비극의 코러스 형식에서 사용되던 'strophe'에서 유래하였으며, 가장 고전적인 노래 형식이다. 복잡한 인물 보다는 단순한 사건이나 희극적 인물을 나타낼 때 사용한다. 이 형식의 반대 개념은 통절 형식(Through-Composed Form)이다.

이 형식의 변형은 지속적인 변화를 주기 때문에 Free Strophic, 또는 형식의 변형을 꾀하므로 변형된 스트로픽(Modified strophic) 이라고도 한다. 기본 A섹션이 계속적으로 변주되어 선율과 리듬이 자유롭다. AA' A" 또는 A, A1, A2 A3로 표기한다.

- 뮤지컬 스위니 토드 'The Ballad of Sweeney Todd' 합창 리프라이즈

A-A1-A2-A3

(4) 이부분 형식(Binary form)

이부분 형식은 AB, AABB, AAB, ABB형태로서 B섹션이 더 강조된다. A섹션은 B섹션을 연결하는 기능을 한다. 결과적으로 A섹션과 B섹션이 교대로 구성된 형식으로 소박한 형태의 버스-코러스(verse-chorus)형식에 해당한다. 내용적으로 A섹션에서 산문적 세부내용을 나타내고, B섹션에서 그 결과와 정서를 담는다.

(5) 순환 2부분 형식(Rounded binary form)

ABA1

A이후 새로운 섹션 B가 나오고, 마지막 A섹션이 다시 반복되는 형태이다. 오페라에서 차용된 닫힌 형식의 전형적인 예로 감정을 정형화하고 마지막 A에서 노래 실력을 뽐내는 기교를 부릴 수 있었지만, 짧은 형식감으로 인해 한 노래 안에 다양한 정서와 사건을 표현하는 한계가 있다.

(6) AABA 형식

A섹션의 반복을 통해 주된 정서를 표현하고, B섹션의 대비를 통해 연관되지만 대조적인 생각을 표현한다. A의 반복은 선율을 기억하게 한다. 팝송과 초기 뮤지컬에서 많이 쓰였던 형식이다. 32마디 '틴팬 앨리(Tin Pan Alley) 형식'이라고도 하며 마지막 A섹션은 음악적으로 변형, 확장 (A')되는 경우가 많고 B의 고민을 통해 마지막 A에서 결단이나 생각의 전환이 이루어진다.

(7) AABA의 변형

AABA구조의 단순하고 일괄적인 구조를 벗어나 A섹션의 반복과 변형, 조성 변화와 리듬, 선율 변화를 통해 소재와 내용의 극적 다양성을 극대화할 수 있다.

– 뮤지컬 지킬과 하이드 '지금 이순간(This is the moment)' : AAA' BA' (AAA1BA1)

2) 열린 형식(Open Form): 통절(Through-Composed) 형식

선율이 섹션을 이루거나 반복되지 않고 가사의 내용에 따라 계속적으로 흘러가는 형태이다. 노랫말의 사연이 바뀜에 따라 음악의 사연도 바뀐다는 점에서 노랫말의 의미를 음악적으로 가장 섬세하게 반영하는 경우에 해당한다. 코믹 노래보다 진지한 상황 속의 노래에서, 그리고 등장인물의 심리 상황이 노랫말 속에 미묘하게 표현된 경우에 사용된다.

3) 현대 뮤지컬 미학 – 닫힌 형식과 열린 형식의 절충

뮤지컬의 양식이 발전함에 따라 음악의 형식 또한 경계가 없어지고 있다. 손드하임은 그의 작품 인투더우즈(Into the Woods, 1987)에서 이미 노래안에 가사를 말처럼 하는 일명 랩(Rap)창법을 구현하였다. 그리고 현대에는 더 나아가 랩(인더하이츠, 해밀턴)이 본격적으로 사용된 작품이 등장하였으며, 다양한 작품에 새로운 장르의 음악이 시도되고 있다.

한 작품 속에 음악 형식이 다양하게 사용된 대표적 작품으로 손드하임의 뮤지컬 '스위니 토드' 가 있으며, 닫힌 형식과 열린 형식의 균형을 조화롭게 이루었다.

손드하임 뮤지컬 〈스위니 토드〉의 예;

No. 1 "The Ballad of Sweeney Todd" (앙상블)

  A–A–B–A–C–A1

No. 3 "The Worst Pies in London" (러빗 부인)

  A–B–A–B1

No. 5 "My Friends" (토드, 러빗부인)

  A–A1–A2–B

No. 9 "Pirelli's Miracle Elixir" (토비, 피렐리, 전체)

  A–B–C1–C2–C3–C4–C5

No 13 "Kiss Me"1 (조안나, 안소니)

A-A1-B-A2

No 15 "Kiss Me (Quartet)" (비들, 조안나, 안소니, 터핀)

A-B-A1

No. 17 "Epiphany" (토드, 러빗부인)

Intro-A-B-C-B1-C1-D-E-D1-F-D1

5. 곡 분석의 필요성

뮤지컬 작품은 시간과 공간의 예술 작품으로 배우를 통해 노래, 연기, 춤 등의 표현으로 무대 위에서 실현된다. 뮤지컬에서의 음악은 즉흥 연주가 아니라 작곡가와 작사가의 의도에 의해 악보로 쓰인 것을 배우가 올바른 해석으로 생명을 불어넣어 실제 연주가 되는 것이다. 이렇듯 뮤지컬 작품을 잘 이해하고 표현하려면 작곡가의 의도가 나타나 있는 악보에 우선 충실해야 할 것이다. 많은 학생들이 악보를 보고 공부를 하기보다는 기존에 나와 있는 음원이나 동영상을 보고 노래를 따라 부르는 경향이 있다. 이런 경우 작곡가가 작품 속에서 의도한 원래 의미보다는 그 곡을 이미 불렀던 배우의 성향을 모방하여 진정성이 없는 노래를 부르게 된다.

뮤지컬 배우뿐만 아니라 음악을 연주하는 모든 사람들은 작곡가가 악보에 표기해 놓은 음정, 박자, 강세, 쉼표, 다이내믹을 나타내는 악상 기호와 가사의 조화로움 등을 주의 깊게 공부해야 하며 악보를 보고 연습하는 습관을 들이도록 노력해야 한다.

노래 가사는 일반 언어와는 달리 문학적으로 함축된 의미를 담기도 하고 부르는 이의 정서 상태를 표현할 수 있는 다양한 언어들로 표현된다. 각 단어들은 음의 높이나 리듬, 소리의 빛깔, 말의 강세에 따라 다르게 표현되고 노래를 부르는 사람에 따라 각기 다른 영감을 불러일으킨다. 또한 단어의 표현과 함께 음악의 선율을 잘 이어가며 노래하고 가사와 선율의 조화를 유지해야 한다.

　악보에 표시해 놓은 악상 기호가 p(여리게)라고 되어 있다 하더라도 연주자의 충분한 해석에 의해 mf(조금 세게)로 표현할 수 있다. 즉, 작품에 충실하려는 연주자가 그 곡에 자신의 개인적인 분석을 첨가할 때 자신의 개성을 담아 올바른 표현을 할 수 있다. 곡 분석을 통한 정확한 해석과 연습은 무대 위에서 올바른 즉흥의 순간으로 이어진다.

　'희곡 분석 입문'을 보면 분석을 통해 개별적 요소들을 확인하고 해석을 통해 우리가 확인한 요소들에 대해 명확히 이해하고 소통하는 과정이라 명시하고 있다. 노래 또한 마찬가지이다. 정확한 곡의 분석 없이 음악을 듣고 느낌으로만 부르는 것은 큰 위험이 있으며 곡의 목표를 정확히 알고 부르는 것과는 큰 차이가 있다. 연기를 하기 전에 독백이나 희곡을 분석하듯 뮤지컬 노래도 분석을 통해 곡의 구조와 의미를 파악하며 이를 통해서 자신이 부르는 곡의 목적을 정확히 전달할 수 있다. 희곡에서 대사를 통해 움직임과 인물의 성격을 드러내듯 뮤지컬에서는 음악과 가사가 그러하다.

　다음 내용에서는 분석의 단계를 크게 '음악 분석, 가사분석, 그리고 The Six Steps (여섯 단계의 분석)'으로 나누어 설명하였다.

　음악 분석은 작곡가의 의도를 파악하고 음악의 흐름을 이해하여 음악이 어떻게 변해 가는지 알아보는 과정이다. 분석을 하다보면 음악의 박자나 조성의 변화에 따라 가사와 감정이 함께 변하는 것을 알 수 있다.

　가사의 분석을 통해 중요 단어나 어구의 의미를 파악하고 구체적인 동작을 하며 곡을 부를 수 있다. 특히 노래 가사는 단어 속에 숨은 뜻, 은유되는 의미들이 많기 때문에 각 단어들이 의미하는 것이 무엇인지 정확히 파악하고 불러야 한다.

　마지막으로 The Six Steps에서는 장면 분석과 캐릭터 분석을 통해 전체적인 스토리를 구성하고 곡을 부르는 가장 중요한 요소인 곡의 목적을 파악한다.

곡 분석표를 처음 접하는 학생들은 분석표를 먼저 공부하고 노래 부르는 것이 익숙하지 않아 어렵게 느껴질 수도 있다. 하지만 노래를 부르기 전에 항상 아래 있는 분석표를 이용하여 공부하고 노래하는 습관을 갖는다면, 창작 작품이나 어려운 곡들을 부르더라도 인물이 갖는 곡의 목표를 올바르게 표현할 수 있을 것이다.

6. 뮤지컬 곡 분석표

뮤지컬 곡 분석표(Song Analysis)

학과목 명:

이름 / 학번:

작품 / 곡목 / 작품 년도(Copyright):

작곡가 / 작사가:

음악 분석

1. 음악(노래) 형식 : 전주(Intro), 절(Verse) – 캐릭터 표현, 후렴(Chorus)

　　　　　　　예) AABA, ABAB, Verse – Chorus 등

2. 박자와 조성의 변화(Key Changes)

3. 곡의 장르 : 발라드(Ballad)와 빠른 업(Up) 템포로 크게 나뉜다.

　　　　　코미디, 로맨틱, 패러디, 리듬 송, 스탠다드, 팝, 록,

　　　　　컨트리, 클래식, 라틴, 힙합, 랩 등

4. 음악의 극적 기능 : I am song, I want song, Emotional climax song,

Dramatic action song 등

가사 분석

A4에 가사 전체를 쓰고 노래 형식 구조에 따라 가사를 나누고 분석한다.

1. Key Word – 중요 단어나 어구

2. 은유나 대조 어구, 의성어

3. 단어나 문장의 반복

The Six Steps

1. 나는 누구인가?

외형적인 요소 –

사회적인 요소 –

내형적인 요소 –

2. 무슨 일이 일어나고 있는가? Event, Plot

노래 직전 상황 –

현재 상황 –

3. 누구에게 이야기하고 있는가? Other

4. 무엇을 원하는가? (곡의 목적) Objective

5. 장애물이 무엇인가? Obstacle

6. 어떤 방법, 전술로 목적을 이룰 것인가? Tactics, Action

Psychological Gesture(심리적 상태 표현)

1. 곡을 표현 할 수 있는 전반적인 동작. Overall Gesture

2. 어떤 색이 떠오르는가? (Are gestures colored?) 또는 동작이 바뀌는 부분은
   어디인가? (Or Do gestures changes?)

심리적 상태 표현(Psychological Gesture)

1. 곡을 표현할 수 있는 전반적인 동작

2. 어떤 색이 떠오르는가? (Are gestures colored?) 또는 동작이 바뀌는 부분은
   어디인가? (Or Do gestures changes?)

아래의 내용은 곡 분석표 중에서 The Six Steps의 내용을 자세히 분류해 보았다.

7. The Six Steps 분석

1. 나는 누구인가? (Who Am I?)

   첫 번째로 곡을 부르는 자신이 누구인지 파악한다.

   • 외형적인 요소 – 외모, 의상, 나이, 아름답다 등 자신의 현재 모습

   • 내적인 요소 – 신념 ,성격, 세상을 보는 시각(긍정적, 부정적)

좋아하는 것, 싫어하는 것

- 사회적 요소 – 사회 계층, 교육의 정도, 빈부의 정도, 가족 환경에 의한 생활

  습관 등을 살펴보고 적어본다.

2. 어떤 일이 일어나고 있는가? (What are the Circumstances?) Event, Plot

현재 노래를 부르는 시점을 선택하여 시간, 연도 ,계절, 요일을 정한다.

- 언제, 어디에, 어떤 방에 있는가? 장소, 실내 또는 실외

- 눈앞에 무엇이 보이는가? 주변에 무엇이 있는가? 주변 환경의 조건, 풍경과 날씨

- 지금 무슨 일이 일어났는가? 어떤 일이 막 일어나고 있는가? 노래를 마치면 무

  슨 일이 일어나길 바라는가? 주어진 상황이 벌어진 인과 관계를 알아본다.

3. 누구에게 이야기하고 있는가? (Who am I Talking to?)

지금 누구에게 노래를 부르고 있으며, 나는 어디에 서 있고, 나와 관계된 상대방은

어디에 서 있는지 나와 관계된 사람들과의 관계를 따져 본다.

특히 솔로 곡을 연습할 때는 특정 대상이 없는 독백의 노래라 하더라도 구체적인

상대방을 정해놓고 이미지화하여 상대방에게 얘기하듯 연습해 보면 내용을 극적

으로 표현할 수 있다. 상대방은 곡에 따라 부모님, 친구, 형제, 자매, 연인 등을 대

입하여 불러 본다.

4. 무엇을 원하는가? (곡의 목적, What do I want?) Objective

노래를 부르는 가장 중요한 이유인 곡의 목적을 찾아 전달하도록 한다.

목적은 '무엇 무엇을 하는 것' , 또는 '나는 상대방이 ~하게 만들기를 원한다.

(I want to make you something)' 처럼 동사를 이용하여 구체적이고 간결한 목표를 제시하여 노래를 이끌어 나가도록 한다.

예)

나는 상대방을 행복하게 만들 것이다 (I want to make you happy)

나는 상대방을 내말을 듣게 만들 것이다 (I want to make you listen)

나는 상대방이 진실을 보게 만들 것이다 (I want to make you see the truth)

나는 상대방의 찬성을 얻을 것이다 (I want to get your approval)

나는 상대방이 연인을 포기하게 할 것이다 (I want to get you to give up a lover)

5. 장애물은 무엇인가? (What is my obstacle?)

목적에 위배되는 상황이나 사건이 무엇인지 명시한다.

좋은 오디션 곡이나 솔로 곡은 정확한 목표와 더불어 극적인 긴장감을 줄 수 있는 장애물이 필요하다. 목표에 방해가 되는 요소가 있다면 그 것을 극복하기 위해 이겨내는 노력이 필요하다. 따라서 드라마를 극적으로 만들어 줄 요소인 장애물을 꼭 찾아 명시한다.

6. 어떤 방법, 전술로 목적을 이룰 것인가? (What do I do to get what I want?)

Tactics, action

마지막으로 극의 목표와 장애물로 긴장을 고조시켰다면 그것을 어떤 방법으로 해결할 것인지도 생각해 보아야 한다.

• 어떤 방법으로 목적을 이룰 것인지

- 나는 어떤 습관을 갖고 있는지

- 그에 따른 어떤 행동을 할 것인지 구체적으로 제시해본다.

예를 들어 사랑하는 사람과 삼각관계에 놓여 있다고 가정할 때 목표는 그 사랑을 쟁취하는 것이며 제3자인 다른 사람은 장애물이 된다. 그 사랑을 차지하기 위한 방법으로 정면으로 부딪쳐 제3자를 위협을 할 수도 있고, 또는 적극적인 구애의 행동이나 유혹으로 사랑을 얻을 수 있다.

다음은 노래를 연습할 때 감정 표현 연습을 할 수 있는 동사들을 나열한 것이다.

8. 노래의 내용을 동작으로 표현해 보는 11가지 동사

노래를 연습할 때 구체적인 동사가 명시되지 않았다 하더라도 문장이 내포하는 의미나 전체적인 곡이 포함하는 의미를 지니고 있는 동사를 찾는다. 아래의 동사의 구분은 곡의 목표를 표현할 수 있는 동작의 동사들을 의미별로 구분 지어 나열해 놓은 것으로 노래를 부를 때에 아래의 동사중 하나를 골라 표현해 보도록 한다.

예를 들어 곡의 목표가 희망적인 것이라면 Open- 열다의 동작들을 몸으로 표현해서 노래를 표현하는 데 도움을 주도록 해본다. Open- 열다의 동작은 개인별로 여러 가지 형태로 표현이 다를 수 있는데 예를 들어 양팔을 벌리고 높이 들면서 Open이라는 단어를 말하며 동작을 해보도록 한다. 동작은 세 번의 동작으로 나누어서 마지막 동작이 되기까지의 시작, 중간, 마지막 완성 동작의 세 개의 동작으로 나누어 하되 동작을 하면서 곡의 목표를 생각하며 표현해 본다.

그림 10) 구분 동작 세 컷 Open열다의 예

개인별로 부르는 곡들의 목표가 다르기 때문에 각각의 곡에 맞는 동사를 골라 표현
해 본다. 노래의 뜻과 맞는 동사로 동작을 연습하면서 노래를 부르면 신체 표현이 자유
로워진다.

Exercise) 다음의 동작들을 세 가지 구분 동작으로 나누어 표현하여 본 후 각자
자신이 부를 곡에 대입하여 노래를 부르며 해본다.

1. 밀다(Push) – 때리다, 굴욕감을 주다, 파괴하다, 충격을 받다, 겁먹다, 흔들다,
　　　　　　화나게 하다

2. 당기다(Pull) – 잠에서 깨다, 소모하다, 유혹 하다, 잡다, 채우다, 소유하다,
　　　　　　게걸스레 먹다, 훔치다

3. 열다(Open) – 비추다, 권하다, 눈부시게 하다, 폭로하다, 드러내다, 정화하다,

치유하다, 자유를 느끼다, 받아들이다

4. 감싸 안다(Embrace) - 보호하다, 합병하다, 젖을 먹이다, 보육하다, 희망을
　　　　　　주다, 위로하다, 격려하다

5. 비틀다(Wring) - 조작하다, 구부리다, 매혹하다, -를 풀다, 속이다, 매력적인,
　　　　　　비꼬다

6. 들다(Lift) - 들어 올리다, 격려하다, 풀어주다, 날아오르다, 초월하다,
　　　　　　-를 높이다

7. 찢다(Teat) - 껍질 벗기다, 부수다, 벌주다, 밝혀내다, 폭로하다

8. 닫다(Close) - 가면 씌우다, 숨기다, 땅에 묻다, 도망하다, 보호하다, 둘러싸다,
　　　　　　피하다, 단념하다

9. 던지다(Throw) - 청소하다. 주다, 없애다, 분리하다, 안심하다, 떨쳐 버리다

10. 관통하다(Penetrate) - 열다, 발견하다, 공격하다, 숨어들다, 꿰뚫다

11. 부수다(Smash) - 제거하다, 상처주다, 좌절 시키다, 기죽이다, 쓰러뜨리다

듀엣곡의 표현

뮤지컬에는 여러 상황의 장면들을 포함하고 있는데 솔로곡 이외에 서로의 사랑을 노래하는 뮤지컬 듀엣곡이 많이 등장한다. 사랑의 듀엣에서 배우들은 동시에 다른 가사를 부르고 있어도 함께 있다는 기쁨과 사랑을 정확히 표현하고 서로의 마음을 이해한다.

두 배우가 화음을 노래한다면 두 개의 목소리가 합쳐져 한 목소리로 표현할 때보다 더 큰 의미를 전달하기도 한다

배우들이 각각 다른 장소에서 노래한다고 가정하였을 때 서로에게 부르는 노래가 들리는지 안 들리는지 결정해야 한다. 만약 뮤지컬 '몬테크리스토(Monte Christo)'의 '언제나 그대 곁에' 라는 듀엣에서 에드몬드와 메르세데스처럼 서로가 들을 수 없는 곳에 있지만 동시에 노래를 불러야 한다면 서로 어떤 곳에 어떻게 서 있고 관객에게 어떻게 보여져야 할지 극적 요소를 만들어야 한다.

다른 예로 뮤지컬 '렌트(Rent)'의 'Another Day' 로저와 미미의 듀엣곡은 서로의 대사를 주고받는 형식으로 박자와 리듬을 정확히 해야 한다.

음악 반주 안에서 노래가 아닌 대사를 주고 받는 경우에도 주어진 박자 안에서 대사를 하여 서로의 라인이 맞물려 방해되지 않도록 한다.

앙상블 곡의 표현

앙상블 곡은 듀엣 곡보다 복잡한 형식을 이루고 있으며 각각의 캐릭터들이 짧게 노래를 부르고 다시 듀엣이나 앙상블을 부르므로 악보와 가사의 흐름을 정확히 파악해야 한다.

캐릭터별로 솔로로 시작하는지 화음으로 시작하는지 확인하며 각 라인별로 누구에게 노래하는지 서로의 관계를 파악해야 한다.

앙상블 곡은 전체적인 큰 스토리를 얘기하는 중요한 방법이다.

예를 들어 뮤지컬 '지킬 앤 하이드(Jekyll and Hyde)'의 오프닝 앙상블 곡인 'Facade'는 하류와 상류 계층이 개인의 이야기를 전하기도 하지만 전체의 이야기에 중심을 두고 있다. 또한 개인이 노래를 부를 때보단 전체 앙상블이 함께 노래할 때 작품의 메시지를 강하게 전달한다.

경험이 부족한 배우의 경우 전체 앙상블의 하모니나 조화보다는 자신을 돋보이게 하려고 노래를 크게 한다거나 튀는 행동을 하기도 한다. 이는 전체 스토리텔링에 방해가 되므로 앙상블 속 자신의 캐릭터는 살리고 앙상블의 조화를 이룰 수 있도록 해야 한다.

9. 가사와 음악 분석의 예

앞서 언급했던 분석 요소를 대입하여 분석해 보자.

1) 한국어 가사 분석

Impossible Dream from 'Man of La Mancha'

A
그 꿈 이룰 수 없어도
싸움 이길 수 없어도
슬픔 견딜 수 없다 해도
길은 험하고 험해도

A'

정의를 위해 싸우리라

사랑을 믿고 따르리라

잡을 수 없는 별일지라도

힘껏 팔을 뻗으리라

B

이게 나의 가는 길이요

희망조차 없고 또 멀지라도

B'

멈추지 않고 돌아보지 않고

오직 나에게 주어진 이 길을 따르리라

B"

내가 영광의 이 길을 진실로 따라가면

죽음이 나를 덮쳐 와도 평화롭게 되리

A"

세상은 밝게 빛나리라

이 한 몸 찢기고 상해도

마지막 힘이 다 할 때까지 가네

저 별을 향하여~

음악 구조와 가사

제일 먼저 음악 구조와 가사 내용을 살펴보자.

박자를 보면 8분의 9박자로 피아노 왼손의 반주가 기타 선율을 연상케 하는 멜로디를 스페인의 어느 곳을 떠올릴 수 있도록 리듬을 잘 표현해 놓았다. 이 곡은 리듬이 어려운 편으로 박자를 잘 세어서 연습하도록 한다.

가사와 음악 변화에 따른 구조를 살펴보면 크게 처음 일절이 반복되고 A(A-A'), 음악적으로 새로운 부분이 있으며 B(B-B'-B'), 다시 앞서 부른 멜로디를 살짝 변주시킨 A"로 구분할 수 있다. 음악의 구조를 A-B-A'로 보았을 때 음악이 어떤 구조로 흘러가는지 살펴보기로 하자.

$$A(A-A') - (B-B'-B'') - A''$$

A – 돈키호테의 여정과 개인적 신념을 표현, 생각의 서술

A' – 돈키호테의 신념의 예를 더 보여줌

B – 자신의 의무와 그 길이 결코 쉽거나 즐겁지 않음을 깨달음

B' – 어떠한 대가를 치러도 그 의무를 꼭 이행할 것임

B" – 만약 그렇게 할 수 있다면 자신의 삶과 죽음이 의미 있게 될 것임

A" – 그의 개인적인 행동들이 큰 힘이 되어 세계를 바꿀 수 있다고 믿음,

　　　이러한 추구는 더 이상 의무가 아니며 세상을 위해 큰 책임이 따르는 사명임

첫인상

가사에 대한 첫 인상은 노래에 대한 정보가 없다고 하더라도 '싸움, 싸우리라' 등의 가사를 통해 남성적인 곡이라는 것을 알 수 있다. 곡의 제목처럼 '불가능한, 이룰 수 없는 '꿈'일지라도 끝까지 믿고 나아가겠다' 라는 굳은 의지를 보여주는 곡이다. 가사

첫 줄에 나오는 '꿈'과 마지막 단어인 '별'과 같이 주요 단어가 갖고 있는 의미를 명확히 파악하고 불러야 한다.

주제 찾기

돈키호테는 개인적 입장에서 전체적 입장으로 움직이고 있으며, 개인적 신념이 결코 헛된 것이 아니며 그의 인생을 더 큰 목적을 위해 사용하리라는 신념을 보여준다.

어떤 역경 속에서도 '정의와 희망, 사랑을 믿고 따르리라', '죽음이 앞에 있어도 평화로울 수 있다'의 가사 표현에서 '죽음'과 '평화'의 극명한 대조는 돈키호테의 진심 어린 의지를 갖고 나아가는 모습으로 불의를 이겨나가려는 강한 신념을 나타낸다.

극중 알돈자에게 얘기하고 있다고 볼 때에 여기에서 장애물은 알돈자의 비뚤어진 세상관이 될 수 있다. 돈키호테는 그녀를 돕는 것이 단지 어떤 물질적 보상을 바라고 하는 것이 아닌 더 큰 의미가 있음을 말한다.

돈키호테는 알돈자에게 세상을 보는 다른 시야를 일깨우기 위해 자신의 철학적인 신념 등을 굳은 의지를 갖고 이야기한다.

장소

노래를 부를 때는 가사 속에 나오는 사물이나 이미지중 세 개나 네 개 정도를 선택해서 눈앞에 90도 각 안에 배열해 놓는다. 노래를 부르면서 그 사물이나 이미지가 나오는 가사가 있다면 그곳을 보면서 부른다.

Invisible Wall, 즉 보이지 않는 벽이라는 뜻으로 우리 눈앞에 진짜 사물이 있는 것이 아니지만 노래할 때 이용해 보도록 한다. 중요한 단어를 얘기할 때는 그 방향을 보면서 부르는 것도 한 가지 방법이며 동작을 넣어서 부를 수도 있다.

동작

음악 구조에서 움직일 수 있는 타이밍을 찾는다면 B-A'로 음악이 바뀌고 다시 한 번 의지를 다짐하는 부분이며, 이때 한 발짝 앞으로 나오면서 표현해도 좋을 것이다. 굳이 많은 걸음을 움직이는 것보단 한걸음이라도 정확한 이유와 의지를 갖고 움직이는 것이 중요하다고 할 수 있다.

곡의 심리적 동작은 희망적인 의지를 보이므로 전체적으로는 'Open 열다'의 동작을 해보면서 연습을 해보도록 한다. 하지만 의미 없는 무의미한 동작을 일부러 넣는 것보다는 진심어린 눈빛이 제일 중요하다는 것을 명심하도록 하자. 제목이 노래 가사에 나오는 첫 줄부터 노래 끝날 때까지 명확히 목표를 갖고 인물로서 곡을 마무리 하도록 한다.

연습 1)

뮤지컬 '사운드 오브 뮤직(The sound of Music)'의 마리아(Maria)가 부르는 'My Favorite Song'의 내용을 통해 마리아의 곡의 목표를 알아보자.

장미꽃에 맺힌 이슬과 아기 고양이의 수염

반짝 빛나는 구리 주전자와 따뜻한 털장갑

끈으로 엮은 갈색의 종이상자

그것은 내가 좋아하는 거죠

크림색의 조랑말과 파삭한 사과 파이

현관벨과 썰매방울 그리고 누들이 들어간 커틀렛

반짝이는 달빛을 낼개에 받으면서 날아가는 기러기

그것은 내가 좋아하는 거죠

새하얀 드레스에 파란 새틴 띠를 두른 아가씨

내 속눈썹과 코에 떨어진 눈송이 봄을 앞두고 녹아내리는 은백색 겨울

그것은 내가 좋아하는 거죠

개에게 물렸을 때

벌에게 쏘였을 때

내가 슬퍼졌을 때

그것은 내가 좋아하는 것들을 생각하면

우울한 기분이 사라져 버려요.

위의 가사는 우리말로 번역된 가사의 예이다. 가사만을 본다면 작품 전체적인 내용을 알 수가 없기 때문에 줄거리를 충분히 이해한 후 곡의 내용과 목표를 여러 단계로 나누어 생각해 보자.

a. 나는 누구이며 누구에게 이야기하고 있는가? 또 그 상대방과의 관계는?

난 마리아이며 가정 교사이다. 나는 아이들을 돌보고 있는데 그들은 이제 막 나를 신뢰하기 시작했다. 아이들은 폭풍을 두려워한다.

b. 나는 무엇을 원하는가?

나는 아이들을 안정적으로 돌보고 잘 가르치길 원한다.

뮤지컬의 캐릭터는 극중 노래를 부르기까지 극한 에너지와 감정의 상태를 갖게 된다. 그러한 상황을 만들기 위해 작가는 인물이 상황에 대해 맞서 싸워 이기거나 혹은

질 수밖에 없는 극한의 상황을 만든다. 배우는 그 상황을 극복하고 목표를 이루기 위해 얼마만큼의 에너지와 투자가 필요한지 이해하여야 한다.

다음의 질문들을 통하여 목표를 이룰 수 있는 방법에 대해 알아보자.

c. 얼마나 간절히 그것을 원하는가?

마음 깊은 곳으로부터 나오는 감정에 귀를 기울여야 하며 그것을 표현할 방법을 찾기 위해 극적인 단어나 원하는 감정의 레벨을 찾도록 한다.

'My Favorite Song'에서 마리아는 엄마 없는 아이들을 돌보며 마음 아파한다.

폭풍을 두려워하는 아이들을 안심시키기 위해 아늑한 벽난로에서 두 팔을 벌려 아이들을 안아주고 재미있는 화젯거리로 좋은 에너지를 주며 아이들에게 그녀의 마음을 표현한다.

다음으로 '만약, What if'를 이용하여 상상력을 높여 보도록 하자.

d. 만약 마리아가 아이들을 편안하게 만들지 못한다면? 아이들의 마음을 얻지 못한다면?

마리아는 자신의 목표를 이루지 못하므로 자신감을 잃게 될 것이다.

e. 그렇다면 무슨일이 벌어질까?

아이들이 마리아를 고통스럽게 할 것이다.

아이들이 한번 더 마리아를 거절한다면, 그녀는 자신의 인생을 포기하고 평생을 수녀로 고독 속에서 살아갈 것이다.

위의 여러가지 상황들을 통해 이러한 상황을 만들지 않고 자신의 목표, '아이들을 안정적으로 돌보고 잘 가르치길 원한다'를 이루기 위한 강한 동기를 찾아낼 수 있다.

연습 2)

'만약, What if'를 이용하여 연기에 동기 부여를 할 수 있도록 예제를 알아보자.

뮤지컬 '레미제라블(Les Miserables)'에서 장발장이 부르는 'Bring Him Home'에서 인물로서 장발장을 연기하기 전에 다음 질문들을 통해 노래를 부르는 이유를 구체화시켜 보자.

a. 만약 내게 십대의 딸이 하나 있다면?

b. 만약 그 딸이 그녀를 미치도록 사랑하는 한 청년과 사랑에 빠졌다면?

c. 만약 그들이 서로 함께하면서 행복해하고 그것이 당연하다고 느껴진다면?

d. 만약 그 청년이 피로 얼룩진 혁명에 관여하고 있고 나 자신도 역시 그렇다면?

e. 만약 어느날 밤 나와 그 청년이 군력에 대항하며 각각 싸우고 있다면?

f. 만약 밤새 고립되어 전쟁이 마무리되기를 기다리고 있다면?

g. 만약 그 전날밤 그 청년과 같은 많은 젊은 청년들이 죽어가는 것을 보았다면?

h. 만약 그 청년이 죽었을 경우 딸이 크게 슬퍼할 것을 생각해 본다면?

I. 만약 고립된 그날 밤 침묵 속에서 총소리를 들었다면?

j. 만약 내가 그 에서 잠이 들었을 때 그 청년이 지치고 다친 모습으로 내 곁에 있다면?

k. 만약 신께 잠시 마지막 기도를 드릴 잠깐의 시간이 주어진다면?

실패가 예견되는 전쟁에서 장발장이 딸의 연인인 마리우스가 무사히 돌아오길 기도하며 부르는 장면으로 위의 질문들을 통해 'Bring Him Home'을 부를 수 있는 충분한 이유와 목표를 갖게 된다.

연습 3)

노래를 부를 수 있는 동기가 부여되었다면 캐릭터를 신체적으로 구체화시켜 보자. 뮤지컬은 육체적인 스테미나와 많은 에너지가 요구되는데 뮤지컬 작품의 내용이나 환경적 요인이 배우의 신체에 영향을 준다. 뮤지컬 '레미제라블(Les Miserables)'의 캐릭터들도 감옥, 전쟁, 매춘, 질병 등을 견뎌내야만 한다. 이러한 상황들은 배우의 신체와 배우들이 움직이는 물리적 방법을 변화시킨다.

신체 움직임을 구현하기 전에 다음의 질문들을 숙고해 보자.

a. 노래 시작과 중간, 끝부분에서 몸과 신체 움직임이 어떻게 달라지는가?

b. 캐릭터의 의상이 제시하는 움직임을 생각해 보자. 그렇다면 노래의 시작, 중간, 끝 부분에 어떠한 자세로 있을 것인가?

c. 노래의 가사 중 정보 전달의 경우, 논쟁을 벌일 때, 또는 로맨틱한 상황일 때처럼 각각의 상황에 따른 캐릭터의 걸음걸이는 어떻게 변하는가? 이러한 상황들이 노래를 부를 때에도 영향을 주는가?

d. 극중 캐릭터가 나이가 들었는지, 체중이 많이 나가는지, 연약한지, 또는 임신 중인지 등의 신체적 특징은 어떠한가?

사회적 지위를 잃었는지 얻었는지, 경제적 상황은 어떠한가? 정신적으로 흥분되어 있는지, 전반적으로 열정에 가득 차 있는지 생각해 보고 신체 움직임에 어떠한 영향을 주는지 생각해 보자.

연습 4)

무용이 있는 빠른 엡템포의 곡을 부를 경우

뮤지컬 노래 중에는 빠르고 경쾌한 댄스곡 스타일의 곡들도 많이 있다. 무용수처럼 춤을 춘다기보다는 캐릭터가 갖고 있는 신체 움직임의 특징을 살려 움직임을 만들어 내는 것이다. 안무가는 뮤지컬 안무를 창작할 때에 캐릭터의 신체적 움직임을 이해하는 작업을 통해 안무를 만들어 내기도 한다.

무용 동작을 하기 위한 준비로서 배우는 노래를 하면서 무슨 말을 하고 있는지 명확히 파악하고 그에 맞게 걷거나 움직일 줄 알아야 한다.

이것을 기반으로 배우들은 캐릭터의 '신체 언어'를 발전시키고 이것을 해석하여 캐릭터에 맞는 움직임을 무용으로 전환시키게 된다.

움직임을 찾기 위해 앞서 공부한 가사와 음악 분석이 꼭 필요한데 곡의 박자, 총 시간, 반복되는 부분들을 체크해 봐야 한다.

무용을 할 수 있는 신체적인 준비가 되어 있다면 빠른 노래의 간주에서 어색하게 제자리에 서 있지 않고 자신있게 표현할 수 있게 된다.

간혹 어린 학생들의 경우 노래할 때는 노래만, 춤을 출 때에는 춤에만 집중을 하여 노래와 무용이 분리되는 경우가 있는데 신체 훈련을 통해 노래와 무용이 자연스럽게 연결될 수 있도록 꾸준히 연습하여야 한다.

아래의 방법은 빠른 곡을 부를 때 신체 표현을 찾아내보는 연습이다.

무용 곡의 연습법

a. 동작만으로 곡을 처음부터 끝까지 표현해 본다.

노래를 부르지 않으며 어떠한 리듬도 없고 노래를 전혀 부르지 않는다.

b. 다시 한번 노래를 부르며 움직임과 노래나 대사를 섞어 본다.

노래나 대사를 할때에는 중립자세로 돌아오며 음악 반주는 하지 않는다.

c. 세 번째 노래를 부를 때에는 음악 반주와 함께 부르되 곡의 1절 앞부분이 지나면

노래를 멈추고 음악 반주에 맞추어 캐릭터가 목표를 이루기 위한 가장 간절한 동

작들을 표현해 본다.

d. 중립 자세로 돌아온 후에는 앞서 연습했던 동작들을 아직 몸이 기억하고 있으므

로 노래를 음악 반주와 함께 부르며 동작들을 연결해 본다.

다음으로 영어 가사의 예를 분석해 보자.

2) 영어 가사 분석

Musical "Man of La Mancha"

'The Impossible Dream' Lyrics

A

To dream the impossible dream

[tu drim   əi ɪmpɑːsəbl drim]

To fight the unbeatable foe

[uːcf ldeɪ əi ʌnbiːtəbl fɔːu]

To bear with unbearable sorrow

[tu beər wɪθ ʌnbeərəbl sɑrɔːu]

To run where the brave dare not go

[tu rʌn weə(r) ðʌ breːiv deə(r) nʌt goːu]

A'

To right the unrightable wrong

[tu raːit ði ʌnraːit bl rɔːŋ]

To love pure and chaste from afar

[tu lʌv pjuə(r) ænd tʃeːist frʌm ʌfa(r)]

To try when your arms are too weary

[tu traːi wen jɔː(r) a(r)mz a(r) tu wiəri]

To reach the unreachable star

[tu ritʃ ði ʌnritʃəbl sta(r)]

B

This is my quest, to follow that star

[ðis ɪz maːi kwest tu falɔːu ðæt sta(r)]

No matter how hopeless, no matter how far

[nɔːu mætə(r) haːu hɔples nɔːu mætə(r) haːu fa(r)]

B'

To fight for the right, without question or pause

[tu faːit fɔ(r) ɘʌ raːit wiɘaut kwesʧ ɘn ɔ(r) pɔz]

To be willing to march into Hell, for a Heavenly cause

[tu bi wiliŋ tu ma(r)ʧ Intu hel fɔ(r) ɘ hevɘnli kɔz]

B"

And I know if I'll only be true, to this glorious quest

[ænd aːi nɔːu If aːil ɔːunli bi tru tu ɘis glɔriɘs kwest]

That my heart will lie peaceful and calm

[ɘæt maːi ha(r)t wil laːi pisfɘl ænd kam]

When I'm laid to my rest

[wen aːim leːid tu maːi rest]

A'

And the world will be better for this:

[ænd ðʌ wə(r)ld wil bi betə(r) fɔ(r) ðIs]

That one man, scorned and covered with scars

[ðæt wʌn mæn skɔ(r)nd ænd kʌvə(r)d wɪθ ska(r)z]

Still strove, with his last ounce of courage

[stIl strɔv wɪθ hIs læst auns ʌv kərid]

To reach … the unreachable star …

[tu riʧ   ði ʌnriʧəbl sta(r)]

영어 가사에는 영어 발음을 함께 표기해 보았으며, 국제 음성 기호 'IPA (International Phonetic Alphabet)' 중 미국식 발음을 기준으로 표기하였다.

영어 가사에는 작사가가 명확히 표현해 놓은 라임(Rhyme)이 있다.

라임은 비슷한 발음의 단어로 가사를 만드는 것으로 첫 가사 A부분의 'To dream, To fight, To bear' 등 'To'를 이용하여 라임을 맞춰 놓았으며 'impossible, unbearable, unrightable, unreachable'의 '-ble' 어미 또한 라임을 살려 곡을 음률과 리듬을 맞추었다.

‘r’ 발음은 괄호 안에 넣어 놓았는데 너무 강하게 굴려서 발음하지 않고 발음의 맨 끝에 살짝 붙이며 발음을 하면서 혀가 목구멍을 막지 않도록 한다. 예를 들어 ‘star’의 경우 [sta------r]처럼 [a] 모음을 길게 부른 후 마지막에 [r] 발음을 붙인다. ‘모음은 길게 자음은 짧게’를 기억하면 좋을 것이다.

단어 마지막 음절인 ‘t, s’ 등의 자음은 꼭 발음하도록 한다. 영어 가사를 부를 때 대부분 단어 끝의 자음을 발음을 하지 않는 경우가 많은데 그것은 마치 우리말에서 ‘ㄴ, ㄹ’처럼 받침을 해주지 않는 것과 같기 때문에 꼭 자음을 마무리 해주도록 한다. 또한 곡을 부르면서 마지막 자음을 잘 처리해 주면 가사에서 주는 리듬을 살리면서 곡의 다이내믹이 살릴 수 있는 효과가 있다.

단어의 의미는 남성적이고 진취적인 것을 알 수 있으며 노래의 제목이 가사의 첫 줄에 나오는만큼 그 부분을 간과해서는 안 된다. 이 곡을 통해 돈키호테가 생각하는 꿈이 정확히 무엇을 의미하는지 파악하고 명확히 불러야 한다.

‘B’ 부분은 가사에서 보이는 직접적인 표현인 ‘No matter what’ 이나 ‘Hopeless, Hell, Heavenly, Peaceful, Calm’ 등의 단어들의 대조를 통해 더욱 강한 의지를 표현한다. ‘Star, Far, Pause, Cause’의 라임을 살려주며 의미를 전달한다.

‘A’ 부분은 마지막으로 곡의 목표를 정리를 하며 메시지를 전달하는 부분으로 ‘Scorn, Scars’ 처럼 아픈 상처가 있다 할지라도 ‘Unreachable STAR’ 즉 사전적 의미로 닿을 수 없는 별을 향해 나아가겠다는 의미로 이 부분을 통해 자신의 의지를 잃지 않고 나아가겠다는 강한 신념을 보여준다. 음악적으로도 멈췄다가 다시 노래가 시작

되는 부분으로 특히 'Star' 라는 단어의 의미를 정확히 담고 마지막 메시지를 전달하도록 한다.

이제 노래 한 곡을 정하여 동작을 함께 연습해 보자!

10. 뮤지컬 노래의 동선과 동작 연습

1) 무대 동선의 위치

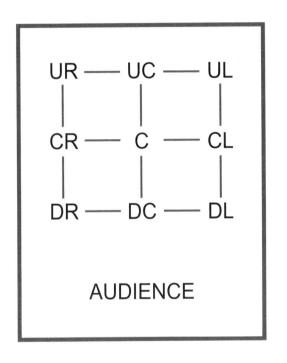

UR = Upstage Right   UC = Upstage Center   UL = Upstage Left

CR = Centerstage Right   C = Centerstage   CL = Centerstage Left

DR = Downstage Right   DC = Downstage Center   DL = Downstage Left

위의 그림은 무대를 9등분하여 9개의 연기에 필요한 위치를 나타낸 것으로 공연예술에서 일반적으로 쓰이는 용어를 이용하여 표기해 보았다. 노래를 부르며 연기를 할 때 동선의 방향을 아래의 설명을 참고로 하여 연습을 할 수 있다. 현재 한국에서는 영어 명을 그대로 쓰고 있기 때문에 이해를 돕기 위해 영어로 명명하였다.

이제 위치별 의미를 알아보자.

(1) 업스테이지 센터(Upstage Center)

업스테이지 센터는 강(Strong)하고 균형 잡힌 위치로서 자신의 해석에 따라 당당함, 위엄 있는, 전망이 좋은, 압도적으로 우세한 위치일 수 있으며 관객의 입장에서 보았을 때 어디든지 갈 수 있는 곳이다. 그러므로 움직임이 많이 필요한 노래를 시작하기 좋은 위치라고 할 수 있다.

(2) 센터스테이지(Centerstage)

대부분의 경우 센터스테이지(정중앙)에서 노래를 시작하는 경우가 많으며 중요한 이야기를 할 때나 관심을 불러 모을 때 효과적이다. 움직임이 많이 없는 노래의 경우 계속 머무르면서 노래할 수 있다.

(3) 다운스테이지 센터(Downstage Center)

어떻게 사용하느냐에 따라 대립적인 자세나 공격에 드러나 있는 위치이다. 클라이맥스를 끌어내기 좋으나 관객이나 오디션 심사위원과 가까워 불편함을 줄 수 있으므로 많이 사용되진 않는다. 만약 이곳에서 노래를 시작할 경우 더 이상 앞으로 갈 수가 없기 때문에 주의하도록 한다.

(4) 업스테이지 라이트(Upstage Right)와 업스테이지 레프트(Upstage Left)

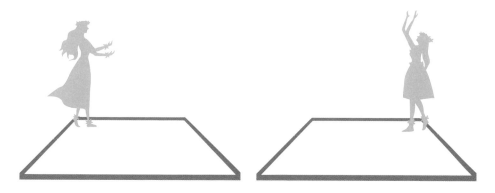

뭔가 수상하거나 의심을 일으키고 주저하는 것을 표현하고자 할 때 무대 뒤 양 끝을 사용할 수 있다. 업스테이지 센터처럼 어디든지 갈 수 있는 위치이지만 특별한 이유가 없이는 무대 양끝에서 노래를 시작하지 않는 것이 좋다.

(5) 센터스테이지 라이트(Centerstage Right)와 센터스테이지 레프트(Centerstage Left)

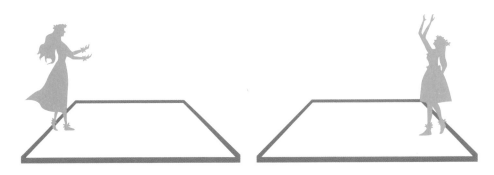

노래 도중 말하고자 하는 중요한 의도가 바뀐다거나 노래의 마무리 또는 가장 중요한 메시지를 전달하기 위해 센터로 오기 직전에 머무르는 중간적인 위치이다. 업스테이지에서 노래를 부르며 비교해보면 위치의 전달력이 약한 것을 느낄 수 있을 것이다.

(6) 다운스테이지 라이트(Downstage Right)와 다운스테이지 레프트(Downstage Left)

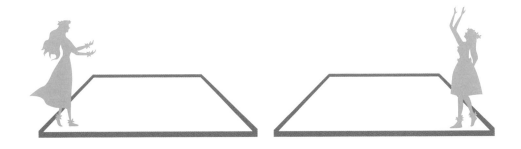

다운스테이지 센터만큼 대립적인 자세나 공격에 드러나 있는 쉬운 위치는 아니지만 강한 표현을 할 수 있는 위치이다. 클라이맥스 직전에 머무를 수는 있으나 특별한 이유 없이는 노래를 시작하는 위치로 적당하지 않다.

다시 한 번 정리해 보면 대부분의 클라이맥스는 센터스테이지나 다운 스테이지에서 이루어져야 목표를 명백히 전달할 수 있다. 움직임에는 항상 이유가 있어야 하며 동선은 왼쪽, 오른쪽의 움직임이 균형이 맞도록 한다.

오디션에서 목을 뒤로 돌려 노래하지 않으며 특별한 이유 없이 바닥을 보지 않는다. 얼굴을 들어 노래할 곳의 시선을 정하고 소리가 잘 전달될 수 있도록 한다. 위의 동선 위치를 염두해 두고 연습을 하되 절대적인 것은 아니니 이유 있는 움직임과 습득 후에는 의미 있는 즉흥을 위해 규칙을 깨가면서 도전을 해보길 바란다.

2) 노래 동작 연습

a. 우선 상체를 움직이기 이전에 항상 중립(Neutral)의 자세를 유지한다.

중립은 다리는 어깨 넓이로 벌리고 양팔을 편하게 양 다리 옆에 내린다. 중립자세에서 팔은 자유로이 상, 하, 좌, 우로 움직일 수 있다.

두 다리를 안정적으로 바닥에 붙이고 호흡이 가슴으로 뜨지 않도록 내 몸의 중심 배꼽 밑 3~5센티미터 쪽에 에너지를 집중한다. 동양에서는 단전이라고 보통 말하고 미국에서 공부할 때도 노래 부를 때 항상 강조되었던 부분이다. 다리를 이리저리 의미 없이 움직이는 학생들이 많은데 손과 팔보다도 더 움직임을 조심해야 한다.

b. 표현하고 싶은 모든 중요 단어들에 단어에 어울리는 동작들을 다 넣어 표현해 본다. 여러 번 반복해 본다.

배에 계속 손을 대고 있는 것은 '배가 아프다'는 의미로 보일 수 있고, 양팔을 가슴에 데고 팔짱을 끼는 자세는 '화가 났다'거나, '할 말이 없다', '모든 것이 끝났다'는 의미로 부정의 뜻을 보일 수 있다. 따라서 평소 무심히 행동하는 일반적인 동작들에 대한 어떤 동작들을 사용할 것인지 숙고해야 한다.

c. 여러 번 반복한 후 표현된 모든 동작 중에서 제일 중요한 단어, 키워드에만 손과 팔을 움직이며 다른 불필요한 것은 줄인다.

d. 일반적인 이야기를 전달하고 있을 땐 중립 자세를 하고 엄선된 중요한 부분에서는 자세를 움직여 본다.

e. 음악적으로도 박자나 조성이 변하는 곳도 말하고자 하는 내용이 바뀌거나 다른 얘기를 하고자 하는 부분들이 있기 때문에 동작을 할 수 있는 부분이 될 수 있다.

자, 이제 노래 분석과 연습이 충분히 되었다면 다음 단계로 오디션을 준비해 봅시다!

Chapter 6

뮤지컬 오디션 테크닉

이제 노래 부를 준비는 다 된 것 같은데…

그래도 오디션은 너무나 떨려요.

등장부터 퇴장까지 어떻게 해야 하나요?

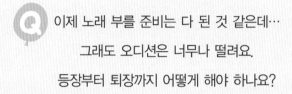 오디션도 철저한 준비가 필요합니다. 함께 알아볼까요?

　오디션은 배우가 단순히 배역을 얻어 내는 수단이기 이전에 자신이 누구이고 무엇을 할 수 있는지 진실성을 담아 보여주는 작업이다.

　사람들로 하여금 배우의 더 큰 가능성을 상상할 수 있도록 할 수 있기 때문에 순간의 거짓된 모습으로 오디션에 임하지 않도록 한다. 거짓된 모습으로 캐스팅되었을 경우 실제 공연을 연습하고 준비하는 과정에서 배역에 맞지 않아 캐스팅이 바뀌거나 혼란을 줄 수 있다. 하지만 짧은 몇 분 동안 자신을 다 보여 주기도 쉽기 않기 때문에 자신의 캐릭터를 잘 파악하여 자신의 '목소리 음역대, 키, 외모, 성격' 등에 맞는 곡목을 선정을 하고 구체적으로 접근해야 한다. 간혹 자신이 부르고 싶은 곡들의 캐릭터와 목소리가 맞지 않아 고민하는 경우를 볼 수 있는데 과감히 미련을 버리고 자신이 캐스팅될 수 있는 작품의 배역을 공부하고 준비하는 것이 좋다.

1. 오디션 곡의 선택

오디션을 위한 자신만의 레퍼토리를 갖고 있는 것이 중요하다.

누구나 부르는 곡들은 식상하고 또한 비교가 되기 쉽기 때문에 자신의 개성을 드러낼 수 있는 곡을 찾는 것 또한 오디션 준비의 시작이라고 할 수 있다. 흔하지 않은 새로운 곡을 부르면 심사위원의 질문도 유도할 수도 있으며 자신을 기억시킬 수 있는 좋은 방법이 될 수 있기 때문이다. 하지만 나 혼자 부르기 좋아하는 곡의 선택보다는 앞서 공부한 곡 분석(Song Analysis)의 요소들이 들어 있는 즉, 기승전결이 있고 클라이맥스가 꼭 포함되어 있는 곡을 준비하도록 한다.

곡목은 오디션 볼 작품의 캐릭터가 부르는 음악 장르와 유사한 곡을 선택하여 준비하며 자신의 음역대나 자신있는 부분을 보여줄 수 있는 곡을 선택하여 철저히 준비 한다.

Audition Song Book(Tip)

공부하고 있는 곡들의 악보를 장르별로 파일에 넣어 자신만의 오디션 파일을 만들어 보자. 오디션마다 작품의 특성에 따라 불러야 할 곡 스타일이 다르므로 자신만이 갖고 있는 특징을 살리는 곡들을 준비하도록 한다.

a. 스탠다드 발라드(느린곡, Standard Ballade)와 업 템포(빠른곡, Up-Tempo)

b. 컨템포러리 발라드(Contemporary Ballade)와 업템포

c. 코메디 또는 로맨틱 곡

d. 브로드웨이 팝 스타일의 곡(예: 엘튼 존의 '아이다')

e. 락앤롤

f. 재즈 스타일

g. 새로운 곡

f. 16마디 컷 버전 또는 1절이나 2절 편집 버전

　여기에서 스탠다드는 1940년대부터 1970 또는 80년대까지의 곡들이나 뮤지컬 클래식 스타일의 곡을 말한다. 이러한 곡은 가사가 시적이고 멜로디가 아름답게 조화되어 있으며 노래, 연기, 무용을 단순한 구조 안에서 표현할 수 있다.

　컨템포러리 곡은 지난 30년 간 작곡된 곡들을 말하며 가사와 음악 구조가 더욱 복잡한 형식을 이루고 있다. 박자와 조성의 변화가 많으며 반주 또한 매우 어렵게 작곡되어 있다. 이러한 곡을 오디션에 갖고 가려면 피아니스트가 chorus로 바로 연주할 수 있는 수준의 곡인지 고려해 봐야 한다.

　예를들어 뮤지컬 'Light in the Piazza'에서 'Clara'가 부르는 'Light in the Piazza'는 아름다운 소프라노 곡이지만 반주를 맞춰볼 시간이 충분하지 않은 오디션에서는 마디마다의 박자 변화가 많고 피아노 반주가 너무 어려워서 반주자와 호흡 맞추기가 어려우므로 오디션 곡으로 적합하지 않다.

　또한 곡이 반복되고 긴 경우는 필요한 부분만을 미리 편집하여 준비해 놓도록 한다. 오디션 상황에서 어떤 것을 요구할지 모르기 때문에 자신의 목소리를 잘 보여 줄 수 있는 곳을 파악하여 편집한다.

　자신의 개성을 나타낼 수 있는 희소성이 있는 곡들은 이기적으로 보일 수는 있겠지만 너무 많은 사람들에게 악보를 주기보단 자신만의 레퍼토리로 간직하도록 한다.

눈은 말한다!

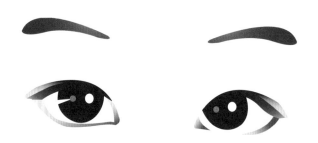

무대 위 공연에선 배우를 위한 의상, 조명, 소품, 노래를 부르는 상대방, 장소를 알려주는 무대 공간과 등퇴장을 도와주는 커튼도 있다. 하지만 오디션 상황에서는 그 무엇도 존재하지 않으며 이 모든 요소들을 배우의 신체 표현으로 현실감 있게 표현해야 한다.

시선

오디션장에 들어서는 순간부터 오디션이 시작되었다고 생각해야 한다. 이미 들어오는 순간 오디션 할 캐릭터에 어울리는 타입인지 결정되기 때문에 첫 인상은 굉장히 중요하다.

당당한 걸음걸이로 살짝 미소를 띠고 걸어들어 오며 노래 시작 전에는 얼굴 표정을 중립(Neutral) 상태로 오게 한 후 피아노 반주가 시작되면 준비한 노래의 정서에 따라 표정을 바꿔준다.

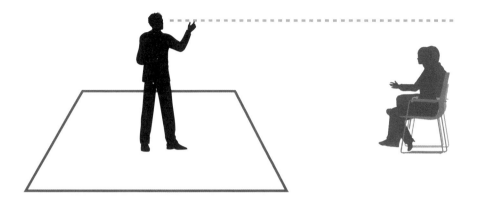

위의 그림에서처럼 배우는 오디션장 안에서 어떤 특정한 사람에게만 노래해선 안 된다. 노래를 부르는 상대방을 심사위원의 뒤쪽에 있다고 가정하고 평소 시선보다 너무 높이 보지 않도록 하며 앉아 있는 심사위원의 머리 위쪽을 보고 노래와 연기를 한다. 앉아 있는 심사위원을 오랫동안 보면서 부르는 것은 심사위원을 굉장히 불편하게 만들 수 있으며, 캐릭터에 집중하고 연기하기에도 도움이 되지 않는다. 앞서 곡의 분석에서 언급한 것처럼 노래하는 상대방을 정했다면 머릿속의 그 사람을 이미지화하여 내 시선 정면의 벽에 두고 그 방향을 향해 시선을 두고 노래한다.

곡의 목표에 따른 상대방은 노래에 따라 친구, 연인, 형제, 언니 등 여러 사람 중 한 명의 대상을 선택하여 대입시킬 수 있다. 오디션 상황이라면 너무 많은 상대방을 정하는 것은 시선이 다방향으로 분산될 수 있고 곡의 목적이 불분명해질 수 있으므로 주의한다.

곡의 시작은 중앙에서 시작하는 것이 좋으며 최대한 본인의 얼굴을 각인시키도록 노력한다. 앞머리를 너무 길게 길러서 눈이 가린다면 얼굴이나 시선 표현이 잘 보이지 않으므로 앞머리는 잘 정돈하는 것이 좋다.

노래하는 도중 실수를 하였을 때 피아니스트의 잘못인 것처럼 피아니스트를 책망하듯 보며 곁눈질하지 않는다. 많은 학생이 음정, 박자를 잘 모르거나 실수할 때 피아니스트를 보는 경우가 많은데 피아노로 오디션을 하는 경우에 특히 주의하여야 한다.

노래를 하는 동안은 눈을 감지 않도록 한다

눈은 많은 의미를 내표하고 의미를 표현할 수 있으며 배우가 얼마나 진정성을 갖고 오디션에 임하는지 알 수 있는 도구이기도 하다. 많은 학생들이 노래를 하다가 눈을 감는 경우가 있는데 눈을 감으면 본인은 보호 받는 느낌이 들 수도 있으나 관객 즉, 심사위원과의 교감에는 단절이 될 수 있으니 주의하도록 하자.

노래를 하는 도중에는 가사의 내용과 음악의 변화에 따라 이유 있는 움직임을 해야 하며, 시선과 동선은 양팔 옆 180도 밖으로 벗어나 심사위원이 옆모습만 보게 만들지 않는다.

첫 시선은 센터에서 시작하고 그 다음 시선을 분석에 의해 왼쪽으로 옮겼다면 그 다음은 사물은 오른쪽에 놓고 시선을 움직이며 다시 센터로 돌아와 마무리 한다. 실질적인 오디션 시간은 짧기 때문에 주어진 시간 내에 최대한 자신의 얼굴을 각인시키고 눈빛과 얼굴 표정을 살려 노래와 연기하는 모습을 잘 보일 수 있도록 한다. 여기에서 제일 중요한 것은 어떤 캐릭터의 흉내가 아닌 진심을 보여주는 것임을 명심하도록 하자. 진심이 묻어 나는 눈빛과 노래 어떠한 움직임보다 강한 전달력을 주기 때문이다.

뮤지컬 전공 입시 오디션 Tip

1. 유행하는 곡목보다는 자신의 목소리와 캐릭터의 장점을 살리는
   노래 준비

2. 기승전결이 있는 곡의 선정

3. 한명의 심사위원의 눈을 너무 오래 보지 않는다

4. 무용 동작이 많아 노래에 방해되는 곡은 피한다

5. 학교별 특성을 정확히 파악하여 그에 맞는 의상, 노래, 연기, 무용
   항목을 준비한다

2. 신체 표현

학생들이 가장 어려워하는 부분이 '노래하는 도중에 손과 팔을 어떻게 움직이는
가'이다.

손은 노래를 가장 잘 표현할 수 있는 도구인 동시에 잘못 움직였을 경우 의미를 잘
못 전달할 수도 있고 불필요한 동작들을 하게 된다. 그렇다고 양손을 양 다리에 붙이고
마냥 서 있는다면 지루함과 생명력이 결여될 것이다. 그렇다면 어떻게 하면 문제를 해
결할 수 있을까?

손과 팔

손은 배우들이 연기할 때 표현을 위한 수단으로 가장 많이 이용하는 부분이다. 하지만 곡 분석에 의하지 않은 불필요한 동작들은 오히려 방해가 될 수 있다.

노래 도중 연기를 하기 전에는 편히 양손을 허리 옆쪽에 내려놓고 손을 이용해서 표현을 하고 싶을 때는 허리 위쪽에서 가슴 부분 높이에서 움직이도록 한다.

하지만 양손을 대칭으로 같은 동작을 반복하는 것은 오히려 설득력이 떨어지며 한 손으로 표현해 보도록 한다. 우선 왼손을 이용하여 표현했다면 다음엔 오른손 그 다음은 양손을 이용해 보며 한 동작에 치우치지 않도록 연습한다.

저자가 미국에서 뮤지컬 공연을 할 때, 한국에서 공연을 할 때도 연출가가 직접 손 움직임 하나하나를 가르쳐 주지는 않는다. 아무리 노력해도 풀리지 않는 부분은 도움을 구할 수도 있지만 근본적으로는 배우의 몫이라 할 수 있다. 올바른 분석과 연습을 통해 노래를 부르며 자연스럽게 연기할 수 있도록 한다.

3. 등장과 퇴장

첫 인상!

한국의 유명 뮤지컬 회사 피디와의 대화를 떠올려보면 "오디션 장에서 배우를 볼 때 이미 문을 열고 들어오는 그 순간부터 오디션이 시작된 것이며 들어오는 첫 인상이 오디션 당락의 70~80%를 차지한다"고 언급했던 것이 기억이 난다. 이것은 미국에서 오디션을 다니면서 관계자들과 얘기를 할 때도 들었던 말인데 그만큼 첫 인상이 중요하다는 것이다. 배우 본인이 오디션에 대해 어떤 충분한 준비를 하였고 오디션 볼 작품에 대해 준비된 사람이라는 긍정적이고 에너지 넘치는 모습을 보여주는 것이 중요하다.

저자의 개인적인 경험을 떠올려보면 미국에서 오디션을 보기 위해 학교 미국인 친구에게 부탁하여 가짜 오디션 상황을 만들고 여러 번 연습하였던 것이 기억난다. 우선 문을 열고 들어와서 인사 한후 오디션 곡 제목을 얘기하고 노래를 부르기도 하였다. 또한 예상 질문을 만들어 대답하고 퇴장하는 전 과정을 반복적으로 연습했다. 이 과정을 통해서 자신감을 갖게 되고 객관적인 평가를 통해 어색한 부분을 수정하여 실제 오디션에 대비하였다. 그만큼 노래 준비뿐만 아니라 그것을 어떻게 보여줄 것인지에 대해 꼭 염두해야 한다.

오디션장의 문을 열고 들어가면서부터는 미소를 살짝 머금고 긍정적이고 밝은 모습을 유지하며 스태프들에게 함께 일하고 싶은 호감을 주는 것이 중요하다. 예를 들어 같은 노래 실력의 두 사람이 있을 때 함께 융화할 수 있는 성격의 사람과 작업을 하고 싶어하는 것은 당연한 일일 것이다. 거짓으로 이미지를 만들어 보이라는 것이 아니라 평소에 긍정적인 생각과 밝은 이미지를 가지려고 노력한다면 자연스럽게 나타날 것이다.

등장도 잘 하였고 노래도 잘 하였다면 심사위원들이 다른 곡을 요구할 수도 있고 독백의 대사를 듣고 싶어할 수 있다. 저자의 경우 이럴 때를 대비해 늘 대조가 되는 악보 2곡 정도를 더 준비해서 오디션 장소에 간다.

예를 들어 지난 2009년 뮤지컬 '캣츠'의 오디션에서 심사위원들이 저자를 어떤 캐릭터로 볼지 모르기 때문에 높은 음역대의 노래와 낮은 음역대의 각기 다른 캐릭터를 보여줄 수 있는 노래를 다 준비했었다. 예상대로 상반된 두 곡을 다 듣고 싶어했고 모두 준비된 자세로 곡을 불렀던 것이 캐스팅이 되는 데에도 긍정적인 요소가 되었다. 만약 한 곡만 준비해 갔더라면 그 기회는 영원히 사라졌을지도 모른다.

　　오디션장에서는 항상 예상치 못한 변수가 생기기 때문에 닥친 상황에 따라 마음을 열고 능동적으로 대처할 수 있는 순발력이 필요하다. 심사위원들이 무언가 할 수 있겠 냐는 가능성을 물어본다면 무조건 못한다고 답하기보다는 웃으면서 '해보겠습니다!' 라고 말할 수 있는 여유가 필요한 것이다. 배우는 카멜레온 같아야 한다고들 얘기하는 것처럼 자신의 캐릭터를 한 장르에 국한시키지 말고 계속적으로 연습하면서 영역을 넓혀 나가야 한다.

　　설사 노래를 하던 중 가사를 잊어버리거나 실수를 하더라도 틀린 것을 티내기보다 는 캐릭터를 잃지 않고 유지하여 자연스럽게 다음 마디로 넘어가도록 한다.

Q 가사를 많이 잊어버리거나 피아노 반주가 너무 맞지 않아 노래를 더 이상
부를 수 없는 경우에 어떻게 하나요?

A 오디션을 보는 배우들에게는 정말 피하고 싶은 일이겠지만 최악의 경우라
는 판단이 된다면 노래를 멈춘 후 손을 들어 '실례지만 다시 해보겠습니
다!' 라고 진심을 다해 물어보는 것이 좋습니다. 그럴 경우 다시 기회를 주
기도 하는데 끝까지 진지하게 마무리를 하도록 합니다.

노래를 마친 후에는 피아노가 마지막 음을 치고 울림이 사라질 때까지 2, 3초 동안
캐릭터를 유지한 후에 배우 본인으로 돌아와 당당히 인사를 한다. 노래 도중 실수를 한
후 혀를 내민다든가 부끄러워하는 모습은 자신감이 결여되고 프로다워 보이지 않기
때문에 주의한다. 인사를 하고 퇴장을 하는 걸음걸이에도 정서상태가 표현되니 어깨
를 축 늘어뜨려 오디션에 대한 의지와 에너지가 없는 것처럼 보이지 않도록 주의한다.

정리해보면

a. 노래할 작품의 제목 작곡, 작사가의 이름을 알아둔다.

b. 자신이 노래할 공간이 어디인지 확인한다.

c. 노래할 가상의 인물을 눈앞에 둔다.

d. 노래를 부른 후 다른 노래나 독백을 침착히 준비한다.

e. 마친 후에는 미소를 잃지 말고 '감사합니다' 라고 말한다.

f. 질문이 있을 수 있으므로 급하게 밖으로 나가지 않는다.

4. 피아노 반주자와의 관계

일반적으로 오디션을 하기 전에 반주자와 잠깐 맞출 수 있는 시간을 준다. 하지만 반주자는 수백 명의 악보를 당일에 반주해야 하므로 반주가가 나의 악보를 기억해서 잘 맞춰 주기를 기대하기는 힘들다.

오디션 장에 등장을 하면 바로 반주자에게 악보를 주고 곡의 템포를 다시 한 번 알려주며 노래할 준비가 되면 가벼운 목례나 시선으로 곡을 시작한다.

만약 반주자가 피아노 반주를 틀리거나 느리게 혹은 빠르게 친다 하여도 끝까지 본인의 캐릭터와 페이스를 잃지 않고 집중하는 모습을 보이도록 한다. 당일 맞춰 부르는 반주의 문제는 비일비재하기 때문에 이런 상황이 발생하더라도 당황하지 말고 재치 있게 대응하여야 한다.

정리해 보면

a. 피아니스트에게 친절히 대하며 무례하게 대하지 않는다

피아노 반주를 음악 감독이나 음악 조감독이 하는 경우가 있기 때문에 좋은 이미지를 주도록 한다.

b. 제일 중요한 것은 곡의 템포를 미리 맞추는 일이며 짧은 시간이지만 꼭 체크해야 한다. 애매모호한 말로 박자를 주지 않는다. (예: 약간 빠르게, 느린 정도 등)

c. 오디션에 가기 전에 형광펜이나 잘 알아볼 수 있는 색의 펜으로 미리 악보에 숨을 쉴 곳, 빨라지는 부분, 느리게 할 곳 등등을 표시해서 한눈에 알 수 있도록 표시해 간다.

d. 곡을 시작할 때 어떤 사인으로 시작할지에 대해 미리 알려주도록 한다.

e. 노래할 준비가 되었다면 오디션을 즐기자!

5. 오디션 의상

오디션을 통해 배우와 컴퍼니 스태프들은 처음 만나게 된다.

퇴장과 마찬가지로 올바른 의상과 신발의 착용 등으로 좋은 인상을 주도록 하며 다른 사람과 구별되는 이미지를 각인시키는 것이 중요하다. 각각 프로의 모습으로 만나는 과정이기 때문에 최대한 자신의 장점을 살리고 캐릭터를 살릴 수 있는 의상을 준비한다. 하지만 오디션 보려는 캐릭터의 무대 의상처럼 무대에서 막 튀어 나온 듯한 의상은 역효과가 날 수 있다.

노래 부르는 모습, 노래 부르는 목소리, 의상이 조화로워서 은근히 배역을 떠올릴 수 있도록 하는 것이 좋다. 과한 모자, 스카프, 시계의 착용이나 너무 화려한 소품은 사용하지 않는다.

실제 예로 미국에서 왕과나(The king and I) 오디션을 보았을 때의 기억을 상기해 보면, 당시 애나(Anna) 역할 오디션을 지원한 백인 여배우 중 하나가 무대에서 방금 나온 것처럼 완벽한 무대 의상을 입고 왔는데 이는 오히려 비웃음을 자아내기도 하였다.

오디션 의상은 다른 사람들과 비슷한 옷을 입지 않고 자신의 개성을 보여주며 수많은 오디션 지원자 중 머릿속에 남을 수 있는 의상을 선택하도록 한다. 댄스 오디션이 있다면 노래 오디션과 댄스에 어울리는 의상을 준비해야 하는 것이다.

또한 본인이 부를 곡목의 동선이나 음직임에 알맞은 의상을 잘 선택하는 것도 중요한 요소라고 할 수 있다. 만약 1차 오디션에 통과하여 2차 Callback을 받았다면 다음 오디션에 갈 때 의상이나, 헤어스타일을 갑자기 바꾸어 1차 오디션과는 다른 이미지로 가는 것은 옳지 않다. 심사위원들은 1차 오디션에서 보았던 이미지를 원해서 합격시켰던 것이기 때문에 합격하였던 이미지 그대로 유지하여 심사위원들이 본인을 기억나게 하도록 하는 것이 좋다.

6. 오디션 결과

배우가 오디션에 많은 시간과 에너지를 투자하여 좋은 결과를 이끌어 내기도 하지만 만약 합격 통지를 받지 못하였다면 그 결과를 받아들이기는 매우 힘들다.

실제로 저자의 경험도 그러하고 자신이 기대하고 준비하던 오디션에 합격하지 못하여 낙심하고 방황하는 배우들을 종종 볼 수 있는데 그 결과에 너무 집착할 필요는 없다.

결론은 'Let it go!' 힘들지만 그냥 잊어버려야 한다.

낙심하고 주저 앉기보다는 어떠한 방법들로 이겨낼 수 있는지 알아보자.

a. 오디션 후에 즐거운 일들을 계획한다.

　친구를 만나 커피나 차를 마시거나, 좋아하는 사람들과 함께 시간을 보낸다.

b. 운동을 하면서 엔돌핀을 상승시켜 기분을 좋게 한다. 개와 함께 산책을 한다.

c. 오디션을 통해 부족한 부분을 채우기 위해 노래 레슨, 연기, 무용 수업을 수강한다.

d. 다음 오디션 일정을 알아보고 계획해 본다. 오디션은 이번이 끝이 아니므로 또
　도전할 수 있다.

e. 만약 오디션 결과에 대해 아무에게도 말하고 싶지 않다면 자신만의 시간을 갖는다.

f. 오디션은 아무나 볼 수 있는 것이 아니다. 그만큼 용기가 필요한 일이므로 자신에
　게 용기를 주자!

오디션을 마치고 난 후에는 어떤 결과가 났다 해도 오디션에 불합격된 회사와 적대
감을 갖지 않도록 한다.

미국에서는 배우들이 오디션을 마치면 '감사 편지, Thank you Letter'라는 것을
오디션 본 회사의 연출이나 감독에게 보낸다. 이 편지에는 비록 이번 오디션에 불합격
하였지만 좋은 경험을 할 기회를 주어 감사하다는 내용과 다음 작품에서는 함께 일을
하고 싶다는 내용의 글로 편지를 보내게 된다.

저자 또한 미국에서 이 'Thank you Letter'를 모든 오디션을 본 후 보내곤 하였는
데 어떤 회사의 오디션에서 떨어졌지만 6개월 후에 다른 작품을 같이하자는 연락이 와
서 공연을 하기도 하였다.

우리나라에서는 이러한 편지를 보내지는 않지만 카드나 서식지로 최소한의 예의를 표현한다면 좋은 이미지를 줄 수 있다.

음악 기초 이론부터 노래 연습, 음악 분석 과정을 통해 학습한 모든 것들을 잘 표현할 수 있도록 충분한 준비를 한다면 오디션에서 좋은 결과를 얻을 수 있을 것이다.

모든 것이 모여 있어 몸이라 했습니다. 또 그 몸은 우주라고 합니다. 그 우주로 노래를 부르되 노래에 갇히지 마세요!라 말씀 드리고 싶습니다. 영혼이 있는 몸의 소리로 노래하고, 깊은 우물에서 퍼올리는 작업은 배우의 눈빛이 달라지고, 마음빛이 달라지고, 소리가 달라지는 일입니다. 그것을 보는 관객이 작품 속 배우의 세계와 동일시되어 함께 느끼고 감동하며 발아되는 그 지점에 진정한 에너지가 있다고 믿습니다. 그것이 세상을 변화시킬 만한 힘이 된다고 생각합니다.

무슨 일을 하든지 과정을 통해 배우고 결과로 주어진 것에 감사하는 그것이 성공이라 했습니다. 나를 만들어가는 일이 좋은 배우로 발전하는 일이기도 할 것입니다. 자기를 성장시켜 나아갈 실천적인 계발, 마음속에 그리고 있는 '그 배우'가 되기 위해서 끝이 보이지 않는 마라톤 같은 여정을 하고 있습니다. 그러나 그 목표를 위해 열심히는 하되 자신에게 너무 가혹하게 할 필요는 없다고 봅니다. 마라톤을 달리는 과정 속에서 항상 옆을 돌아보고 웃으면서 가끔은 쉬어가기를 바랍니다.

그곳에 하늘과 바람과 들꽃과 사람과 사랑이 있고 노래가 있으니까요.

알기 쉬운

뮤지컬
가창 실기

뮤지컬 곡 분석표(Musical Song Analysis)

학과목 명:

이름 / 학번:

작품 / 곡목 / 작품년도:

작곡가 / 작사가:

음악 분석

1. 음악 구조 : 전주(Intro), 절 (Verse) – 캐릭터 표현, 후렴

　　　　　예) AABA, ABAB

2. 박자와 조성의 변화(Key Changes)

3. 곡의 장르 : 발라드(Ballad)와 빠른 업(Up) 템포로 크게 나뉜다.

　　　　　코미디, 로맨틱, 패러디, 리듬 송, 나래이티브, 스탠다드, 팝, 락,

　　　　　컨트리, 클래식, 라틴 등

가사 분석

1. Key Word - 중요 단어나 어구

2. 은유나 대조 어구, 의성어

3. 단어나 문장의 반복

The Six Steps

1. 나는 누구인가?

2. 무슨 일이 일어나고 있는가? Event, Plot

3. 누구에게 이야기하고 있는가? Other

4. 무엇을 원하는가? (곡의 목적) Objective

5. 장애물이 무엇인가? Obstacle

6. 어떤 방법, 전술로 목적을 이룰 것인가? Tactics, Action

심리적 상태 표현(Psychological Gesture)

1. 곡을 표현할 수 있는 전반적인 동작

2. 어떤 색이 떠오르는가? (Are gestures colored?) 또는 동작이 바뀌는 부분은

  어디인가? (Or Do gestures changes?)

솔로곡 모음

간절히 원하는 주제의 곡

Show Title	Song Title
Cinderella	"In My Own Little Corner"
The Fantasticks	"Much More"
Hallelujah, Baby!	"My Own Morning"
The King and I	"I Have Dreamed"
Les Misérables	"Castle on a Cloud"
Little Shop of Horrors	"Somewhere That's Green"
Newsies	"Santa Fe"
110 in the Shade	"Simple Little Things"
The Secret Garden	"The Girl I Mean to Be"
Smile	"Disneyland"
West Side Story	"Somewhere"
The Wizard of Oz	"Over the Rainbow"

희망적 로맨틱 곡

Show Title	Song Title
Brigadoon	"Waiting for My Dearie"
Camelot	"Simple Joys of Maidenhood"
Cinderella	"Some Day My Prince Will Come"
Crazy for You	"Someone to Watch Over Me"
I Can Get It for You Wholesale	"Who Knows?"
Jumbo	"My Romance"

Lady in the Dark		"My Ship"
Most Happy Fella		"Somebody, Somewhere"
Music Man		"Goodnight My Someone"
The Will Rogers Follies		"My Unknown Someone"

작품 속 캐릭터와 유사한 남자곡

Show	Character	Song
Beauty and the Beast	Gaston	"Me"
Camelot	Lancelot	"C'estMoi"
A Little Night Music	Carl-Magnus	"In Praise of Women"
Man of La Mancha	Don Quixote	"Man of La Mancha"
Martin Guerre	Martin Guerre	"I'm Martin Guerre"
Nine	Guido	"Guido's Song"
The Pirates of Penzance	Pirate	"Pirate King"

작품 속 캐릭터와 유사한 여자곡

Brigadoon	Fiona	"Waiting for My Dearie"
Carousel	Julie Jordan	"If I Loved You"
Guys and Dolls	Sarah Brown	"I'll Know"
How to Succeed···	Rosemary	"Happy to Keep His Dinner Warm"
Music Man	Martin	"My White Knight"
Oklahoma!	Laurey	"People Will Say We're in Love"
110 in the Shade	Lizzie	"Simple Little Things"
Pain and Fancy Showboat	Katie	"Young and Foolish"
Showboat	Julie	"Make Believe"
State Fair	Margie	"It Might As Well Be Spring"

성격파/악당/코미디 캐릭터

Annie	Miss Hannigan	"Little Girl"
Anyone Can Whistle	Mayoress	"Me and My Town"
Applause	Eve	"One Halloween"
Carrie	Mother	"When There's No One"
Chicago	Mama Morton	"When You're Good to Mama"
Company	Joanne	"Ladies Who Lunch"
Destry Rides Again	Frenchy	"I Hate Him"
Hello Dolly!	Dolly	"So Long, Dearie"
How Now Dow Jones	Cynthia and Kate	"They Don't Make Them Like That Anyone"
Into the Woods	Witch	"Last Midnight"
The Little Mermaid	Ursula	"Poor Unfortunate Souls"
101 Dalmatians	Cruella	"CruellaDeVil"
Sunset Boulevard	Norma Desmond	"With One Look"
The Witches of Eastwick	The Devil	"Who's the Man?"

주제에 따른 작품 분류

컨트리-웨스턴 영향

Always··· Patsy Cline

Annie Get Your Gun

The Best Lime Whorehouse in Texas

Big River

Calamity Jane

Down River

Li'lAbner

Louisiana Purchase

Oklahoma!

Paint Your Wagon

Parade

The Robber Bridegroom

Seven Brides for Seven Brothers

Shenandoah

The Unsinkable Molly Brown

Urban Cowboy

전쟁/비극/역사적

Cabaret

The Civil War

Jane Eyre

Kiss of the Spider Woman

Les Miserable

Man of La Mancha

Martin Guerre

Miss Saigon

Parade

1776

Titanic

판타지/우화

Anyone Can Whistle

Brigadoon

Dear World

The Fantasticks

Finlan's Rainbow

On a Clear Day

Once Upon 3 Mattress

Peter Pan

Pippin

Wicked

SF 공상과학/판타지

Carrie

Forbidden Planet

Hedwig and the Angry Inch

Into the Woods

Little Shop of Horrors

Rocky HorrorPicture Show

Weird Romance

Zombie Prom

호러/서스펜스

Assassins

Little Shop of Horrors

Mystery of Edwin Drood

No Way to Treat a Lady

Sweeney Todd

The Witches of Eastwick

게이/동성애

Avenue Q

Boy Meets Boy

Chicago

Elegies

Falsettos

Hairspray

Hedwig and the Angry Inch

In Gay Company

Jesus Christ Superstar

Kiss of the Spider Woman

La Cage aux Follies

Rent

Rocky HorrorPicture Show

Sugar

Three Guys Naked

Victor/Victoria

When Pigs Fly

Where's Charley?

스포츠

Damn Yankees

Diamonds

The First

Promises, Promises

Wonderful Town

You're a Good Man, Charlie Brown

청소년/아이들

Annie

Big

Bye, Bye, Birdie

Do Patent Leather Shoes Really Reflect Up?

Doctor Doolittle

Doonesbury

Grease

Into the Woods

Is There Life After High School?

The Me Nobody Knows

Newsies

Oliver!

Runaways

Sally Blane··· Teenage Girl Detective

The Secret Garden

Seussical

Smile

Snoopy

Willy Wonka

You're a Good Man, Charlie Brown

Zombie Prom

민족적

The Apple Tree

Bar Mitzvah Boy

Children of Eden

Fiddler on the Roof

Godspell

In the Beginning

Jesus Christ Superstar

Joseph and the Amazing Technicolor Dreamcoat

Milk and Honey

Parade

Rags

The Rothschilds

Show Me Where the Good Times Are

Two by Two

Yentyl

Yours, Anne

Zorba

서커스

Barnum

Carnival

Carousel

The Fantasticks

A Funny Thing Happened
   on the Way to the Forum

The Magic Show

Merlin

Stop the World, I want to Get Off

아시아

Flower Drum Song

The Hot Mikado

The King and I

The Mikado

Pacific Overtures

Sayonara

흑인

Ain't Misbehavin'

Black and Blue

Cats

Dreamgirls

Eubie

The First

알기 쉬운
뮤 지 컬
가창 실기

Golden Boy

Hallelujah, Baby!

House of Flowers

The Life

Once on This Island

Parade

Purlie

Ragtime

Raisin

Sarava!

Showboat

The Tap Dance Kid

스페인, 라틴 아메리카

Bye, Bye, Birdie

Carmelina

Carmen Jones

Evita

Jamaica

Kiss of the Spider Woman

Man of La Mancha

Paint Your Wagon

Panama Hattie

Too Many Girls

West Side Story

스토리 위주의 노래

The Baker's Wife

Children of Eden

Closer Than Ever

Falsettos

The Last Five Years

Songs for a New World

Starting Here, Starting Now

Urban Myths (Music of John Bucchino)

When Pigs Fly

Wicked

Working

…and the music of Heisler & Goldrich

팝/락

A Chorus Line

Aida

Arthur

Aspects of Love

Blood Brothers

Carrie

Chess

Children of Eden

The Civil War

Diamonds

Doonesbury

Evita

Fame

Footloose

The Full Monty

Hair

Jekyll & Hyde

Jesus Christ Superstar

Joseph and the Amazing

       Technicolor Dreamcoat

The Lion King

Mamma Mia

Marilyn

The Me Nobody Knows

Movin' Out

Personals

Rent

Romance/Romance

Saturday Night Fever

The Scarlet Pimpernel

Smile

Song and Dance

Splendora

Starlight Express

Tick, Tick… BOOM!

Wicked

Working

Zanna! Don't

Zombie Prom

결혼/인간관계

Baby

Company

Falsettos

The Goodbye Girl

I Do, I Do

I Love You, You're Perfect, Now Change

A Little Night Music

Marry Me a Little

Romance/Romance

They're Playing Our Song

뮤지컬 분야 관련 내용

A Chorus Line

A Day in Hollywood /

     A Night in the Ukraine

Babes in Arms

The Boy from OZ

Fade Out-Fade In

42nd Street

Funny Girl

Gypsy

Kiss Me, Kate

Mack & Mabel

Minnie's Boys

Nunsense

Singin' in the Rain

Summer Stock

유럽 배경, 관련

Cabaret

Carnival

Gigi

Grand Hotel

Irma la Douce

Jacques Brells Alive and Well
    and Living in Paris

Kiss of the Spider Woman

A Little Night Music

She Loves Me

The Sound of Music

The Three Penny Opera

영국배경, 관련

Camelot

Charlie Girl

Half a Sixpence

Jekyll & Hyde

My Fair Lady

The Mystery of Edwin Drood

Oliver!

The Secret Garden

Sweeney Todd

소외계층/약자

Angel

Assassins

Barnum

Do Patent Leather Shoes Really Reflect Up?

Hairspray

The Hunchback of Notre Dame

Is There Life After High School?

A Little Night Music

Oliver!

Passion

Side Show

Whoop-Dee-Doo

1920-1930년대 노래와 춤이 결합된 작품

Anything Goes

The Boyfriend

Crazy for you

Dames at Sea

42nd Street

Little Mary Sunshine

Me and My Girl

No, No, Nannette

On Your Toes

Sugar Babies

1940-1950년대
뮤지컬 황금기의 뮤지컬 스탠다드

Annie Get Your Gun

Bells Are Ringing

Brigadoon

Carousel

Damn Yankees

Guys and Dolls

The King and I

Music Man

My Fair Lady

Oklahoma!

On the Town

Once upon a Mattress

The Pajama Game

The Sound of Music

South Pacific

The Unsinkable Molly Brown

West Side Story

Bye, Bye, Birdie

Camelot

Carnival

Fiddler on the Roof

Hello, Dolly!

How to Succeed in Business
        Without Really Trying

Mame

Man of La Mancha

110 in the Shade

She Loves Me

Sweet Charity

1960년대 뮤지컬 스탠다드

A Funny Thing Happened on the
        Way to the Forum

1960년대 브로드웨이 팝/락 스타일	Vs	1960년대 전통적, 클래식 스타일
Bye, Bey, Birdie		Cabaret
Celebration		Carnival
Golden Boy		Hello, Dolly!
Hair		How to Succeed…
It's a Bird… It's a Plane… It's Superman		Fiddler on the Roof
Promises, Promises		A funny Thing…
Your Own Thing		Funny Girl
Mame		Man of La Mancha

She Loves Me

You're a Good Man, Charlie Brown

Unsinkable Molly Brown

Zorba

1970년대 브로드웨이 팝 스타일   Vs   1970년대 전통적 스타일

Applause	*Annie*
Baby	*Candide*
Chorus Line, A	*Chicago*
Company	*Follies*
Evita	*A Little Night Music*
Godspell	*On the Twentieth Century*
Golden Rainbow	*The Rothschilds*
I Love My Wife	*Sugar*
I'm Getting My Act Together and	*Sweeney Todd*
Taking It on the Road	
Jesus Christ Superstar	*King of Hearts*
The Magic Show	*The Me Nobody Knows*
Pippin	*Seesaw*
They're Playing Our Song	*Two Gentlemen of Verona*

1980년대 브로드웨이 팝 스타일   Vs   1980년대 전통적 스타일

Chess	*Barnum*
Doonesbury	*Big River*
Joseph…	*City of Angels*
Les Miserables	*Grand Hotel*
March of the Falsettos	*Into the Woods*
Marilyn	*La Cage aux Folles*

Nine

Personals

Smile

Song and Dance

Starlight Express

Merrily We Roll Along

Mystery of Edwin Drood

Phantom of the Opera, The

Sunday in the Park with George

1990년대 브로드웨이 팝 스타일   Vs   1990년대 전통적 스타일

Aspects of Love

Falsettoland

Jekyll and Hyde

Kiss of the Spider Woman

Miss Saigon

Parade

Rent

Seussical

The Scarlet Pimpernel

Sunset Boulevard

Tommy

Beauty and the Beast

City of Angels

The Secret Garden

Steel Pier

Titanic

Victor/Victoria

The Will Rogers Follies

The Full Monty

Songs for a New World

Tick, Tick… BOOM!

The Wild Party

• Brunetti, David., *Acting Songs*, BookSurge, 2006.

• Cohen, Robert., *Acting One*, McGraw-Hill Higher Education, 2002.

• Craig, Heather E., *Belting and Belcanto:* An Aesthetic and Physiological Comparison and Their Use in Music Education, The University of Tennessee at Chattanooga, 2003.

• Darren, Cohen., *The Complete Professional Audition*, Back Stage Books, 2005.

• Daw, Kurt., *Acting*, Heinemann, 1997.

• Deer, Joe. and Rocco Dal Vera, *Acting in Musical Theatre*, Routledge, 2008.

• Egti, Lajos., *The Art of Dramatic Writing*, Touchstone Book, 1960.

• Emory, Margaret., *Ask an Agent*, Back Stage Books, 2005.

• Everett, william and Paul Laird, *The Cambridge Companion to the Musical*, Cambridge University Press, 2002.

• Flinn, Denny Martin., *Musical! A Grand Tour*, Thomson Learning, 1997.

• Green, Stanley., *Broadway Musicals Show by Show*, Hal Leonard Corp, 1996.

• Jedding, Kenneth., *Real Life Notes*, DoubleRoseBooks, 2002.

• Kayes, Gillyanne., *Belting Explained*, www.vocalprocess.net, 2003.

- Kohlhaas, Karen., *The Monologue Audition*, Limelight Editions, 2002.

- Lucia, Joyce., *How to sing American Pronunciation*, Mel Bay Presents, 2002.

- Moor, Tracy and Allison Bergman., *Acting the Song*, Allworth Press, 2008.

- Silver, Fred., *Auditioning for the Musical Theatre*, Penguin Books, 1988.

- 박일규, 현대 뮤지컬 발성법, 연극과 인간, 2012.

- 신영섭, 즉흥 연기의 활용을 위한 연습과제, 연극학보, 1998

- 이동훈 옮김, 희곡 분석 입문, 코에티 프레스, 2012.

- 최영환 옮김, 기초 연기 훈련을 위한 즉흥 연기, 동국대학교출판부, 2008.

- 김학민, 뮤지컬 양식론, 경희대학교 출판국, 2005.

연습 1)

연습 2)

연습 3)

연습 4)

연습 5)

[v]   ―   ―   ―   ―   ―   ―   ―   ―
브

연습 6)

Hng-i
흥 ― 이 ― ― ― ―

연습 7)

[Hng ――――― i ――――――――― a]
흥 ――――― 이 ―――――――― 아

연습 8)

흥 흥 흥 흥 아

연습 9)

[mi ― ― ― i a ― ― ― a]
미 ― ― ― 아 ― ― 아

연습 10)

[a, e, i, ɔ, u]

연습 11)

연습 12)

연습 13)

연습 14)

연습 15)

연습 16)

연습 17)

[mi — — — a — — — — — a]

미 — — — 아 — — — — — 아

연습 18)

[ja] 어 — — — — 어

여   어 — — — — 어

연습 19)

[ti ti ti ti ti   — i — — i]

티 티 티 티 티   — 이 — — 이

딩 딩 딩 딩 딩   — 이 — — 이

티 티 타 타 타   — 아 — — 아

연습 20)

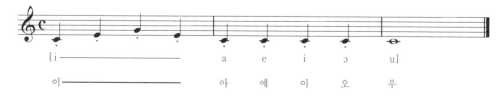

[i———————— a e i ɔ u]

이———————— 아 에 이 오 우

연습 21)

연습 22)

연습 23)

연습 24)

뮤지컬 발성연습 CD

뮤지컬
발성연습
CD

발성법 CD 목록

〈개정판〉

알기 쉬운
뮤지컬 가창 실기

초 판 1쇄 발행 | 2013년 2월 28일
개정판 1쇄 발행 | 2016년 10월 10일

지은이 | 이은혜
사 진 | 이은혜
뉴욕현지촬영 | 이상현
일러스트 | 이상준
음악 CD | 김선민

발행인 | 황인욱
발행처 | 도서출판 오래
주 소 | 서울특별시 용산구 한강로2가 156-13
이메일 | ore@orebook.com
전 화 | (02)797-8786~7, 070-4109-9966
팩 스 | (02)797-9911
홈페이지 | www.orebook.com
출판신고번호 | 제302-2010-000029호

ISBN 979-11-5829-022-1 (93680)